つくって楽しい、おいしいレシピ

きょうのごはんは“マンガ飯”

マンガGuide*増淵敏之
再現レシピ*wato

ようこそ！

おいしくて、楽しい「マンガ飯」の世界へ

この本を手にしてくださったみなさん、
ようこそ、マンガ飯の世界へ。
おいしくて楽しいマンガ飯の世界を、
これから一緒に満喫しましょう。
マンガに詳しくないとダメ？
まったくそんなことはありません。

日常のさまざまなシーンを描くマンガには、
いろんな料理が登場します。
晩ごはんやお昼ごはん、お弁当、
朝食やスイーツやお店ごはんも。
時にさりげなく、時に重要なシーンで登場し、
マンガの大切なエッセンスになっています。

Let's cook "MANGA-MESHI"

きょうのごはんに悩んだら…
そんな時こそマンガ飯

きょうは時間がないからカンタンに…
あります！そんなマンガ飯

そんなマンガの中の料理を再現するのが「マンガ飯」。
描かれている料理の画はもちろん、
ストーリーや登場人物のキャラクターから
料理内容を推測して（妄想を膨らませて！）
再現するのがマンガ飯の楽しさです。

マンガ飯の楽しみ方はいろいろですが、とにかく、
いつものごはんより、かなりテンションが上がります。
それがマンガ飯の魅力です。

だから、きょうのごはんに悩んだら…
そんな時こそマンガ飯です。
きょうは時間がないからカンタンに…
あります、そんなマンガ飯も。
みんなでワイワイつくれるマンガ飯は、
パーティーを盛り上げるのにもぴったりです。

さぁ、きょうのごはんは、どのマンガ飯??

パーティーを
盛り上げたい…
マンガ飯は
ぴったりです！

彼氏（旦那さん）に
作って欲しいなぁ…
そんな時にも
マンガ飯

マンガは好きだけど
料理は苦手…
マンガ飯から
はじめましょう

きょうのごはんは“マンガ飯”

CONTENTS

Chapter 1

女子《ヒロイン》たちの手料理

愛情たっぷり♥マンガ飯

グルメなマンガのレシピ拝借！

もっとマンガ飯 1

Chapter 2

イケてます！簡単おいしい♪

マンガ飯の男子ごはん

スペシャル簡単☆マンガ飯

もっとマンガ飯 2

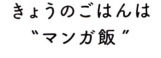

Chapter 3

気分で選ぶ？マンガで選ぶ？

きょうの「カレー」は、どのマンガ飯？

Special グルメマンガのカレー

Chapter 4

作って、食べて、盛り上がる！

きょうは、みんなでマンガ飯Party♪

あの名作も食べちゃいます。 もっとマンガ飯 3

Chapter 5

お手軽から本格派まで。

きょうのおやつは、マンガスイーツ

Special 気になる不思議スイーツ

「マンガ飯」ワールドの案内人を紹介します！

本書でみなさんを「マンガ飯」ワールドへご案内するのは、こちらのお二人。
マンガと料理、それぞれのプロがタッグを組んで紹介します。

マンガGuide担当　増淵先生

この本で紹介するマンガの選定・ガイドを担当しました！

あえてグルメマンガに限らず、時代、ジャンルも幅広くおすすめの作品（&マンガ飯）を紹介しています。

大学教授という肩書きを持ち、研究分野のひとつである「マンガ」をこよなく愛するおじさま。「コンテンツツーリズム」学会会長も務める。

画：陸善

再現レシピ担当　watoさん

マンガに出てくる料理を、実際につくってみちゃいました♪

再現する楽しさはもちろん、おいしさや作りやすさにもこだわったレシピです。ぜひお試しあれ～☆

画：wato

フードコーディネーター・管理栄養士として活躍する傍ら、イラストレーターの一面も持つ。〝マンガ飯〟をきっかけに、オトナになってから読むマンガの面白さに改めて開眼。

本書をお読みになる前に

◆本書では、各作品の画やストーリー、登場人物のキャラクターなどをもとに、作り手の推測や想像により〝マンガ飯〟を再現しています。作品に登場する料理のレシピを断定するものではありませんので、各自の妄想を膨らませてお楽しみください。

◆マンガの紹介・Guideにおける各作品の情報は、2016年7月時点のものです。

◆材料の分量は、作品に描かれている量を目安に、料理によって作りやすい分量で表記しています。

◆分量の「適量」とあるものは、様子をみながら加減してください。また、「100ml ～」などと記載されているものは、その分量を目安に様子をみながら追加してください。

◆作り方に記載されている火入れの時間は目安です。火力やレンジのW数などでも変わるため、様子をみて加熱時間を調整してください。

◆本書に表示した大さじは15ml、小さじは5ml、カップは200mlです。

◆料理のできあがり写真は盛り付け例です。レシピの分量とは異なる場合があります。

Chapter
1

女子《ヒロイン》たちの手料理

愛情たっぷり♥
マンガ飯

作品の中で、女子たちが“あの人”のために作る手料理を再現。おいなりさんに焼うどん、卵焼き、おべんとう…、愛情たっぷりの料理の数々をヒロイン気分で再現しちゃいましょう。

マンガ飯
Recipe
01

おいなりさんと野菜のお重

『3月のライオン』羽海野チカ

将棋を扱った
マンガならではは!?
食べ手の読みを外す
意外な一手に箸が
とまりません

プロ棋士が己の人生をかけて次の一手を指す将棋。『3月のライオン』は15歳でプロ棋士になった桐山零が、厳しい将棋の世界で成長していく姿を描いています。零は生い立ちが複雑で、人との関わりを避けるかのように殺風景な部屋で一人暮らし。深い孤独を抱え葛藤する零の生き方や、苦しくも美しい将棋というゲームに、ピンと張り詰めた緊張感を感じます。

でも、『3月のライオン』は、あったか〜いマンガです。零を見守る人たちの優しさに触れると、ピンと張り詰めた緊張感がほぐれて心が温まります。中でも、川本家と零の交流は、固く冷たい氷がゆるゆると溶けていくような温かさ。このお重も川本3姉妹が零に作ってあげたものです。紹介した画で、なぜ女性（=零の義姉の香子）が食べているのかの説明は省きますが、川本3姉妹の温かい心が詰まったお重であることに違いはありません。

そして、このお重、味的にも新しい。おいなりさんは「甘い」から「辛い」へ、野菜は「和」から「韓」へと展開します。味の変化で箸が進むことが香子のセリフから分かります。これぞ将棋を扱ったマンガならでは!?でしょうか。食べ手の読みを外す、〝意外な一手〟を忍ばせた粋なお重です。

Comic Information

『3月のライオン』
第4巻（既刊11巻）
羽海野チカ／白泉社

やだもー、味が違ったら止まんないじゃない
by 香子（零の義理姉）

おいなりさんと野菜のお重

『3月のライオン』羽海野チカ

ひなまつりに何を作るか？川本3姉妹の三女・モモちゃんの希望で、「ちらし寿し」ではなく「おいなりさん」に決定。長女・あかりさんのセリフによれば、「甘～く煮たおあげ」で、中は「きざんださっくさくのレンコンとタマゴのそぼろとゴマをたーっぷり」です。甘いおおげは、ワサビ漬けを混ぜたピリ辛味の酢飯とも好相性。

材料・作り方

●一の重／2種のおいなりさん（8個分）

【甘～く煮たおあげ】

油揚げ…4枚、A［水150ml、砂糖…大さじ2、みりん…大さじ1、醤油…大さじ1と1/2］

1. 油揚げは半分に切り、やぶけないようにそっと袋状に開いたら、ザルにのせて熱湯を回しかけ、油抜きをする。
2. Aを鍋に入れて中火にかけ、砂糖が溶けたら油揚げを入れる。落としぶたをして、弱めの中火で8分、裏返して8分ほど煮る。煮汁がほとんど無くなったら火を止め、そのまま冷ましておく。▶A

【きざんださっくさくのレンコン】

蓮根…20g、酢…少々

1. 蓮根は皮をむいて細かく刻む。
2. 小鍋に湯を沸かし、酢少々と蓮根を加えたら、中火で2分ほど茹でる。
3. ザルにあげて、そのまま冷ましておく。

【タマゴのそぼろ】

卵…1個、砂糖…小さじ1/2、塩…少々、サラダ油…少々

1. 卵をボウルに割り入れて、砂糖と塩を加える。箸で白身を切るようにしてよく混ぜる。
2. 小さいフライパンを弱めの中火にかけてサラダ油を薄くひき、卵を流し入れる。手早く箸でかき混ぜてそぼろを作る。半熟の状態で火を止めて余熱で火を通す。

【花わさびの醤油漬け（作りやすい分量）】

花わさび（もしくは葉わさび）…100g、塩…少々、A［醤油…大さじ1、みりん…大さじ1/2、砂糖…小さじ1/4］

1. 花わさびはよく洗って1.5cmのざく切りにし、沸騰しない程度の湯（約80℃）でさっと茹でる。
2. 熱いうちに、耐熱性のビニール袋に入れる。塩少々を加えたら、よく揉み、ビニール袋の口を閉じて3時間ほど寝かせる。
3. Aを加えてよく混ぜ合わせたら、冷蔵庫で1日ほど漬けておく。

【酢飯】

米…1合、水…170ml、昆布…1枚（5cm×2cm）、A［酢…大さじ3、塩…小さじ2/3、砂糖…大さじ1］

1. 米を研いでよく水気を切る。炊飯器に分量の水と昆布を入れて30分ほど浸水した後、通常通りに炊く。
2. Aをよく混ぜて寿司酢を作っておく。
3. 米が炊き上がったら15分ほど蒸らし、飯台やボウルに出す。熱いうちに寿司酢を回しかけ、できればうちわであおぎながら、切るように混ぜる。

仕上げ

甘～く煮たおあげ、酢飯、きざんださっくさくのレンコン、タマゴのそぼろ、花わさびの醤油漬け（約1/2量）、白ごま…適量、ガリ…適量

1. 酢飯を半分に分け、一方にきざんださっくさくのレンコン、タマゴのそぼろ、白ごまを混ぜる。もう一方には、刻んだ花わさびの醤油漬けを混ぜる。▶B
2. 2種類の酢飯をそれぞれ4等分にし、おあげに詰める。▶C
3. お重に並べ、ガリを添える。

甘～く煮たおあげ

ゴマッゴマ大すきっ
ゴマゴマしくしてー
byひなた（次女）

●二の重／筑前煮、ブロッコリーとオクラのナムル風（作りやすい分量）

【筑前煮】

鶏もも肉…1/2枚、ごぼう…1/2本、蓮根…5cm ほど（150g）、人参…1/4本、里芋…小6個、こんにゃく…1/2枚、干し椎茸…2枚、キヌサヤ…適量、サラダ油…大さじ1、椎茸の戻し汁80ml＋だし汁＝300ml ほど、砂糖…大さじ1、みりん…大さじ1、塩…ひとつまみ、醤油…大さじ2

1 干し椎茸を水100ml で戻し、半分に切る。ごぼうはタワシで洗って乱切りに、蓮根と人参は皮をむいて乱切りにする。里芋は皮をむき、大きければ半分に切る。鶏肉は一口大に切る。こんにゃくは沸騰した湯で1分ほど茹でてアク抜きをしてから、一口大にちぎる。

2 鍋にサラダ油、ごぼう、蓮根、人参、里芋、こんにゃくを入れて2分ほど炒める。

3 椎茸の戻し汁、だし汁、砂糖、みりんを入れて5分煮る。

4 鶏肉、椎茸、醤油、塩を入れて落としぶたをし、時々ゆすりながら煮汁が無くなるまで15分ほど煮る。あら熱がとれるまでそのまま冷まして味を含ませる。

【ブロッコリーとオクラのナムル風】

オクラ…10本、ブロッコリー…1/2株（200g）、ごま油…大さじ1、塩…少々

1 オクラは表面に塩少々（分量外）をこすりつけてから水洗いし、ガクを包丁で切り落とす。ブロッコリーは小房に分ける。ブロッコリーの茎は皮を厚めにむいて食べやすい大きさに切る。

2 お湯を1.5ℓほど沸かし、塩を小さじ2（分量外）加えたら、オクラを入れて時々転がしながら1分半茹でる。箸でザルに引き上げ（お湯は捨てない）、あら熱がとれたら、斜め半分に切る。

3 お湯を再沸騰させたら、ブロッコリーを入れて時々転がしながら2分茹でる。ザルに引き上げ、水気をよく切る。

4 オクラとブロッコリーがほんのり温かいうちに塩少々をまぶし、ごま油を絡める。

仕上げ

筑前煮、ブロッコリーとオクラのナムル風をお重に盛り付ける。茹でたキヌサヤを飾る。▶📷D

D

筑前煮＆ブロッコリーと
オワラのナムル風

Wato's Point
里芋のぬめりが
気になる方は、一度
下茹でしてから煮ると
よいでしょう。

日本の原風景がそこにある

増渕先生の
偏愛♥
マンガGuide

作者は『ハチミツとクローバー』でも知られる羽海野チカ。棋士の先崎学九段が監修を務めています。連載は白泉社『ヤングアニマル』に2007年から掲載。2016年秋にアニメ化、2017年に映画が公開予定の大人気作品です。

物語は15歳でプロ棋士になった桐山零が主人公。幼い頃に交通事故で家族を失い、父の友人である棋士に内弟子として引き取られました。そして、一人暮らしを始めた零は、川本3姉妹の長女・あかりに介抱されたことをきっかけに、川本家と交流を持ちます。零と川本家の交流を通して、この作品には下町の団欒風景がよく登場します。それは日本の食卓の原風景のようでもあり、読者を優しい気持ちにしてくれます。

マンガ飯
Recipe
02

焼き魚と野菜料理の夜ごはん

『姉の結婚』西　炯子

彼を思いやる
体に優しいおかずたち。
どんな恋愛でも（不倫でも…）、
女の手料理は
最強ですね

© 西炯子／小学館フラワーコミックスα

Comic Information

『姉の結婚』
第3巻（全8巻）
西　炯子／小学館

結構、ドロドロな恋愛物語です。『姉の結婚』は。なんせ不倫ですから。エッチなシーンもアリです。こう書くと、安っぽい恋愛マンガみたいですが、実際はまったく逆。上質な恋愛マンガです。悩み、迷いながらも自分なりの答えを見つけようとするオトナの恋愛模様が描かれています。

主人公のアラフォー女性・岩谷ヨリは、東京から地元に戻って図書館に勤務。同級生で精神科医の真木と出会い、不倫の関係になります。ヨリとタイプが正反対の妹・留意子、ヨリと容姿がそっくりな真木の妻・理絵など、その他の登場人物たちのさまざまな思いも絡みながら、二人の危うい恋愛関係が進んでいきます。

そんな中で登場する夜ごはんのシーン。逢瀬の家でヨリが作った手料理です。このおかずたちが、とってもいい感じなのです。ご飯とお味噌汁の他に、焼き魚、サラダ、冷奴、白菜の煮込み…。魚と野菜の体に優しいおかずたちで、忙しくて疲れ気味な時でも食欲が湧いてきそう。ヨリは手早く作ったのに、真木を思いやる気持ちが伝わってくるようです。ドロドロした恋愛だけど、この食事シーンは何かホッとする感じ。どんな恋愛でも、やっぱり女の手料理は最強ですね。

なんの魔法を使ったんですか？
30分経ってませんけど… by 真木

作中で主人公のヨリは30分以内で作ったとのこと。実際に30分ですべて作れるかどうかはお約束できませんが（すみません！）、確かに難しい料理はありません。特に白菜はカニ缶と一緒に煮込むだけ。それでいてホッとするおいしさです。サラダはちょっと手間でもアスパラガスが入ると、ご馳走感がグンとアップします。

焼き魚と野菜料理の夜ごはん

『姉の結婚』西　炯子

材料（2人分）・作り方

【白菜とカニ缶の煮物】

白菜…1/4株、カニほぐし身缶詰…1缶（100g）、水…80ml、塩または醤油…適宜

1. 白菜は芯をつけたまま洗って水気を切り、鍋にぎゅっと詰める。
2. カニ缶（汁ごと）と水を加え、フタをして弱めの中火で12分ほど煮る。▶📷A・B
3. 煮汁の味をみて、足りないようだったら塩か醤油を少々加える。
4. 白菜を皿に取り出し、食べやすい大きさに切る。煮汁をかけてできあがり。

【鮭の塩焼き】

鮭（甘塩）…2切れ、大根おろし…適量、醤油…適量

1. フライパンにオーブンシートを敷き、鮭を並べる（盛り付ける時に上になる面を下にする）。
2. フタをして弱めの中火で3分、ひっくり返して2分焼く。火を止め、そのまま1分ほど蒸らす。▶📷C・D
3. 皿に盛り付ける。大根おろしを添え、お好みで醤油をかける。

【サラダ】

アスパラガス…4本、レタス…1/4株、水菜…1株、きゅうり…1/2本、ミニトマト…6粒、市販のドレッシング…適量

1. アスパラガスは下の方の固い皮とハカマをピーラーで薄くむき、斜めに3～4cmの長さに切って茹でる。レタスは食べやすい大きさにちぎる。水菜は4cmの長さに切る。きゅうりは斜め薄切りにする。ミニトマトはヘタをとる。
2. 1を器に盛りつけ、ドレッシングをかける。

【冷や奴】

絹豆腐…1/2丁、長ネギ（輪切り）…少々、醤油…少々

1. 絹豆腐は半分に切る。
2. 長ネギをのせて醤油をかける。

【かぶの浅漬け】

かぶ（小）…2個、かぶの茎…少々、塩…小さじ1/2

1. かぶは皮ごとよく洗って半月切りにする。茎の部分は3cmほどの長さに切る。
2. 1を塩もみする。

【みそ汁】

乾燥わかめ…2g、油揚げ…1/2枚、だし汁…400ml、味噌…大さじ2

1. 鍋にだし汁と食べやすい大きさに切った油揚げを入れ、中火にかける。
2. 沸騰したら火を弱め、乾燥わかめと味噌を入れる。再沸騰する直前で火を止める。

【ごはん】

土鍋で炊く。

Wato's Point

「白菜とカニ缶の煮物」は、白菜を取り出した後、お好みで煮汁に水溶き片栗粉を加えてとろみをつけてもいいですね。

西炯子ワールドが炸裂です

作者の西炯子は、教員をしながらマンガ家になった異色の経歴の持ち主。鹿児島県指宿市の出身で、代表作『娚の一生』は「角島県」が舞台です。『姉の結婚』は、岩谷ヨリという「中崎県立図書館」勤務の女性が主人公。不倫に苦しむことになりますが、その中で一人の女性が懸命に自分の道を見つけようとする姿が読者をひきつけます。いわゆる西炯子ワールド炸裂の作品と言えるでしょう。

『娚の一生』でも主人公の女性は料理が得意ということになっており、「しじみづくしの夕食」が登場します。『姉の結婚』にも様々な料理が登場しますが、今回紹介した食事は男性垂涎の見事なラインナップのおかずと言えますね。

マンガ飯 Recipe 03

晴子さんの焼うどん

『SLAM DUNK』井上雄彦

晴子さんが作る焼うどんは、おいしいに決まってる!!
（花道、喜びのあまり号泣…笑）

言わずと知れた大ヒット作『SLAM DUNK』。たくさんのファンがいるこの作品については、いまさら、あれこれ語る必要はないかもしれません。とはいっても少年誌のスポーツマンガ。まだ読んだことがない女性もいると思うので、内容を少し紹介しておきます。

　中学時代、不良だった桜木花道ですが、湘北高校でバスケットボールの面白さに目覚め、才能を開花させていきます。花道はバスケットボール未経験ながら、身体能力の高さもあって驚異的な上達ぶりを見せるのですが、そのキャラはお調子者で目立ちたがり屋。バスケットボール部に入部したのも、主将の妹・晴子さんに入部を薦められたから。晴子さんに一目惚れしたのでした。晴子さんに恋焦がれるお調子者・花道は、傍若無人なふるまいや自信過剰な発言で笑わせてくれながら、バスケットボールのプレイでは大きな感動を与えてくれます。

　この焼うどんは、そんな花道にとって、涙が出るほど嬉しかった晴子さんの手作り（実際、作中で号泣しながら食べます、笑）。作中の絵からは具材などは分かりませんが、『SLAM DUNK』のファンのみなさんなら、きっとこう思っているはず。「晴子さんが作る焼うどんは、おいしいに決まってる!!」。その思いを大切に、おいしい焼うどんのレシピを紹介します。

Comic Information

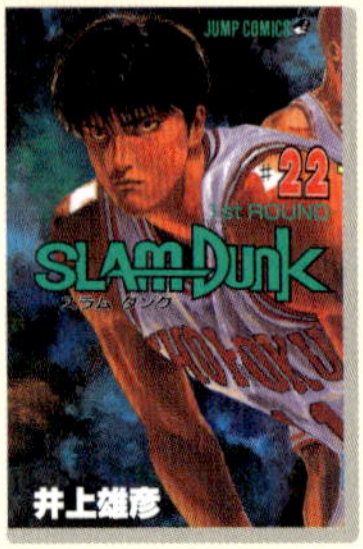

『SLAM DUNK』
第22巻（全31巻）
井上雄彦／集英社

おおっ♡ by 花道

晴子さんの焼うどんは、醤油味かソース味か？悩むところですが、今回は醤油味に。「勉強合宿で夜食に作ったものなのでさっぱりした醤油味なのでは？」というのが理由です。みりんや生姜も使った和の焼うどんはおいしいですよ。でも、「食べ盛りの花道にはソース味でしょ」と言われれば、ハイ、それも納得です…。

晴子さんの焼うどん

『SLAM DUNK』井上雄彦

材料（1人分）

ゆでうどん…1玉
豚バラ肉…80g
キャベツ…1/8個（150g）
人参…1/5本（25g）
長ねぎ…1/4本（25g）
生姜…3g
サラダ油…小さじ2
A［水…大さじ2、酒…大さじ1、醤油…大さじ1、みりん…小さじ1］
カツオ節…適量

作り方

1 豚肉は2.5cm幅に、キャベツと人参は短冊切りに、長ねぎは斜め切りに、生姜はせん切りにする。Aは混ぜ合わせておく。
2 フライパンにサラダ油を熱し、キャベツ、人参、生姜を炒める。▶A
3 人参に火が通ったら豚肉を広げながら加えて炒める。▶B
4 長ねぎとゆでうどん、Aを加え、麺をほぐしながら全体を炒め合わせる。▶C・D
5 皿に盛り、カツオ節をのせる。

Wato's Point

醤油味の焼うどんは、ひと手間かけて、生姜のせん切りを加えるのがおすすめ。生姜の香りが食欲を刺激して、小腹が空いた夜食にもぴったりです。味つけは、みりんを加えることで、全体にまろやかさが出ます。

A
せん切りの生姜を
加えて風味よく

B

C
今回はさっぱり醤油味に

D

花道の嬉しさが伝わってくる

増渕先生の
偏愛
マンガGuide

もう日本のマンガを代表する作品と言っていいでしょう。井上雄彦の『SLAM DUNK』は、国内だけで単行本の売上が全31巻で1億2千万冊を突破。海外でも人気で、同作品の聖地と言われる「鎌倉高校前駅」には、中国などからも熱狂的なファンが訪れているそうです。

さて、ここで取り上げた焼うどんは、主将のゴリ（晴子さんの兄）の家で、追試のための勉強合宿が行われた時、晴子さんが花道のために夜食として作ってあげたものです。あの流川は先に寝てしまったので、花道は晴子さんの焼うどんを一人占め。晴子さんに片思いをしている花道が、どれだけ嬉しかったかを考えると、読んでいるこちらも嬉しくなるシーンです。

マンガ飯
Recipe
04

トマトと青じそ入り卵焼き

『君のいる町』瀬尾公治

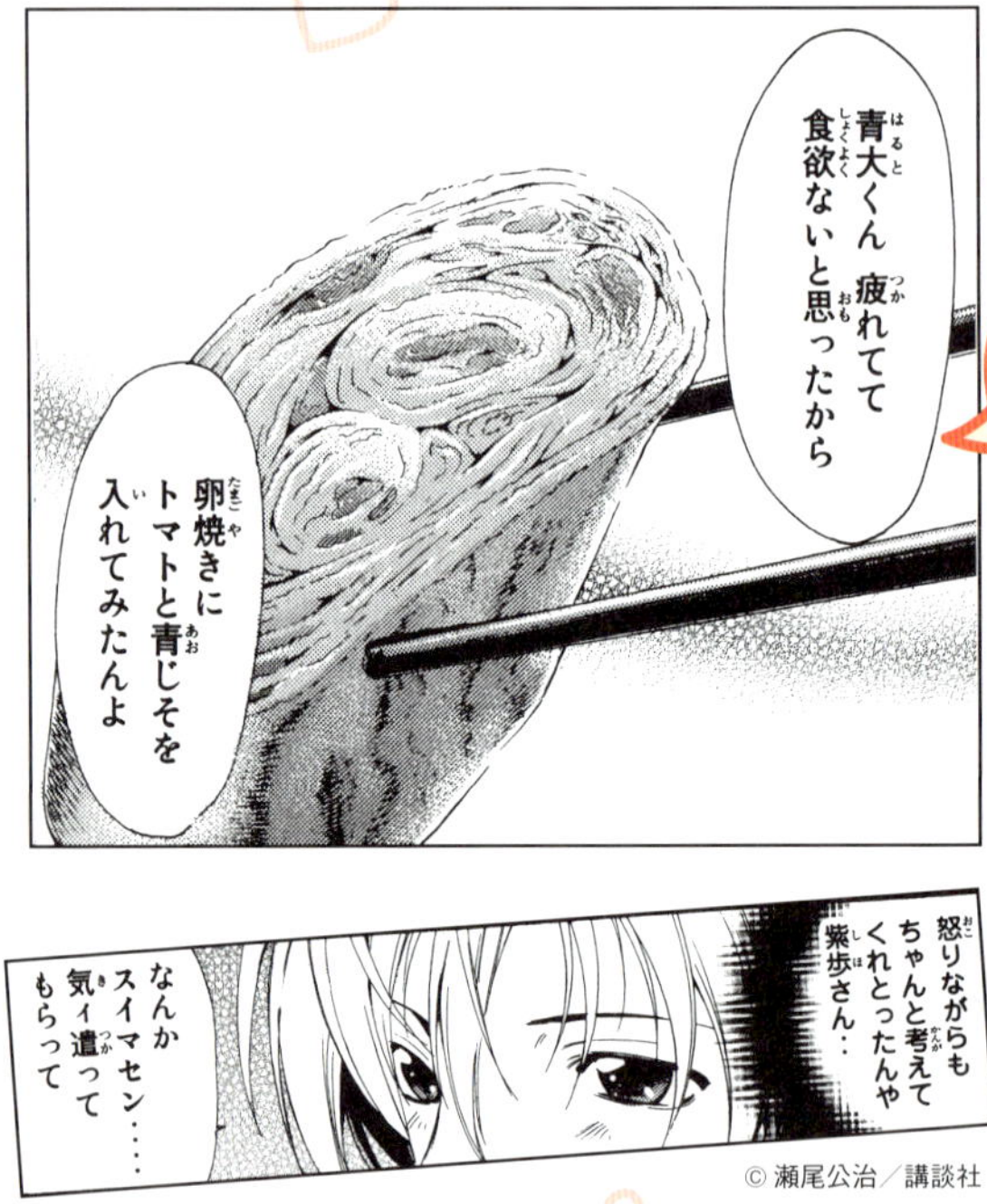

© 瀬尾公治／講談社

食欲のない
時に、こんな卵焼きを
作ってくれたら…、
惚れてまうやろー！
（※実際は惚れていません）

舞台は広島県の田舎町。春から高校へ進学する主人公・青大の家に、父親の知り合いの娘という同じ年の少女・柚希が居候として東京からやってきたところからストーリーは展開していきます。

真面目で世話好きな青大は、天真爛漫でどこか抜けている柚希のことを放っておけず、次第に二人は惹かれ合うのですが…。さまざまな登場人物の想いや人間関係が絡み合い、両想い⇒ハッピーエンドと簡単にはいかないのが世の常。青大と柚希を相関図の中心に描きながら、二人の恋のライバル(?)たちが続々と登場します。そして、舞台は広島から東京へ。主人公たちも大学生になり、社会人になり、と展開していきます。

そんな作品の中で登場するこの「トマトと青じそ入り卵焼き」は、メインキャラの2人が作るものではないのですが、おいしそうな描写も印象的で作ってみたくなる一品です。料理好きな青大は一時期、地元の食堂の厨房でアルバイトをするのですが、そこで青大を厳しく指導するのが美人ながら〝鬼軍曹〟と恐れられる紫歩さん。厳しさは愛情の裏返しでもあり、疲れて食欲のない青大のために賄いに作ってくれるのがこの卵焼きです。

Comic Information

『君のいる町』
第7巻（全27巻）
瀬尾公治／講談社

疲れてて食欲ないと思ったから、
卵焼きにトマトと青じそを入れてみたんよ
by 紫歩さん

トマトと青じそ入り卵焼き

『君のいる町』瀬尾公治

トマトの酸味と旨み、青じその爽やかな風味が口いっぱいに広がる卵焼き。青大のような疲れた身体に染みわたるおいしさです。料理人を目指す紫歩さんならば…と、レシピはだし入りのふわふわ仕立てにしてみました。卵4個のボリュームサイズで焼くときにはちょっとコツが必要ですが、お弁当にはもちろん、立派な一品になるおかずです。

材料

卵…4個
青じそ…5枚
トマト…1/2個（50g）
かつおだし汁…60ml
A［砂糖…小さじ1/2、塩…小さじ1/5、醤油…小さじ1/3］
サラダ油…適量

作り方

1 かつおだし汁にAを加えてよく混ぜておく。トマトは約1cmの角切り、青じそは縦半分に切ってから1cm幅の短冊切りにする。
2 卵に1を加えて混ぜる。▶📷A
3 卵焼き器にサラダ油を入れて中火にかけて熱し、キッチンペーパーで余分な油をふき取る。2の卵液の1/4量を入れ、気泡を箸でつぶしながら焼き、半熟になったら奥から手前へ向かって巻く。▶📷B・C・D
4 巻き終わったら奥へ移動させ、空いたところにまたキッチンペーパーでサラダ油を塗る。先ほどと同量の卵液を入れ、巻いた卵を持ち上げて下にも流し入れたら、また気泡を箸でつぶしながら焼き、半熟になったら同様に巻いていく。これをあと2回繰り返す。▶📷E・F
5 食べやすい大きさに切り、皿に盛る。

Wato's Point

巻くときは、怖がって弱火にせず強めの中火で手早く。流した卵液の表面がやや半熟の状態で巻くと、きれいに仕上がります。

何この卵焼き
すげーうめェ!!
by 青大

物語の舞台を聖地巡礼するファンも

増淵先生の
偏愛♥
マンガGuide

『週刊少年マガジン』（講談社）に2008年から2014年まで連載された、瀬尾公治の作品です。『CROSSOVER』『涼風』に続く、『週刊少年マガジン』連載作品の第3作。単行本は全27巻＋ガイドブック1巻となっています。この作品では作者の故郷でもある広島県庄原市が物語の舞台。全国各地より作品のファンが集まって舞台となった地を巡る「聖地巡礼」行動をするひとびとも多いと聞きます。

この卵焼きは、実はこの後の10巻でも再び登場しています。さまざまな状況の変化で青大と柚希が微妙な関係に置かれる中、青大がある人のお見舞いに持っていくのが紫歩さんに教わった、このトマトと青じそ入りの卵焼きでした。

マンガ飯
Recipe
05

菜穂のおべんとう

『orange』高野　苺

「翔にお弁当を作って」。
未来の自分から届く手紙に
背中を押されて作る
“未来を変える”お弁当

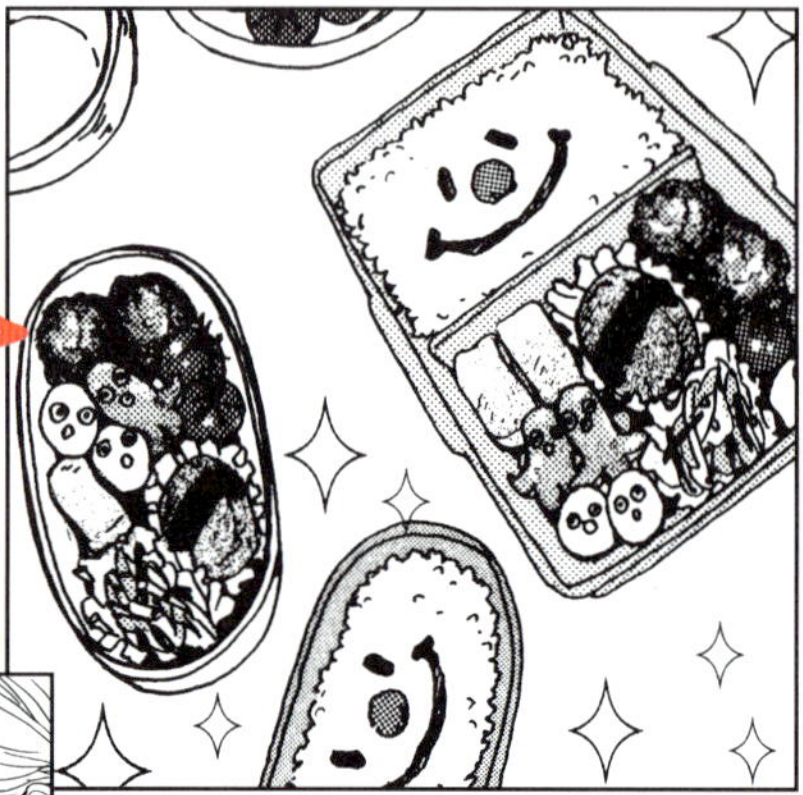

© 高野苺／双葉社

Comic Information

『orange』
第1巻（全5巻）
高野　苺／双葉社

「高校二年生の私、元気ですか？」――主人公・菜穂のもとに届いた一通の手紙。送り主は、10年後の未来の自分です。手紙に書かれていたのは、「自分と同じ後悔をしてほしくない」という願いと、そのために選ぶべき道。未来を変え、大切な人・翔を救うために菜穂と仲間たちが奮闘するのですが…。先の読めないストーリー展開に、ページをめくる手が止まらなくなること請け合いです。

菜穂と翔、お互いに惹かれ合っていく二人のやりとりには、胸キュン場面が続出。このお弁当の件もそんな場面のひとつです。翔にお弁当を作ってあげると約束した菜穂。迷惑じゃないかとためらう菜穂の背中を押したのは、「お弁当を作って渡してほしい」と書かれたあの手紙です。完成したのは、卵焼きにハンバーグ、顔が描かれたタコさんウインナーなど女子力の高い菜穂らしい可愛らしさ満点のお弁当。きっと自分のためのお弁当とは違う、誰かの笑顔が見たくて作るお弁当。結局、お昼には渡せず、学校帰りに勇気を振り絞って渡すのですが、蓋を開けた翔の満面の笑顔が目に浮かびます。

◎24日、翔にお弁当を作って渡してほしい。
by10年後の菜穂

ハンバーグに卵焼き、ウインナーなど男子好みのおかずを詰め込んだ、菜穂のお手製べんとうを再現。栄養バランスや彩りにも気遣いながら、遊び心をプラスするところが菜穂らしいですね。顔の表情やおかずの詰め方も作中の画にならって再現してみました。菜穂のように、誰かの笑顔を思い浮かべながら作ってみたいお弁当です。

菜穂のおべんとう

『orange』高野　苺

材料（作りやすい分量）・作り方

【ハンバーグ（2～3個分）】

合挽き肉…150g、A［玉ねぎ…1/4個、卵…1/2個、牛乳…大さじ1、パン粉…大さじ2、塩…小さじ1/4、胡椒…少々］、サラダ油…大さじ1/2、海苔…少々

1 玉ねぎはみじん切りにして耐熱皿に入れる。ラップをふんわりかけたらレンジで3分加熱し、冷ましておく。大きめのフライパンに、キッチンペーパーなどでサラダ油を塗っておく。

2 ボウルに合挽き肉と1の玉ねぎ、Aの他の材料を入れ、粘りがでてきてまとまりが良くなるまで、手で手早くこねる。

3 2を2～3等分にして、形を整える。フライパンに並べていく。

4 全部並べたら強火にかける。1分ほど表面を焼いてから、弱めの中火にしてフタをして3分、裏返してフタをして3分焼く。最後にフタを開けて少し火を強めて1分ほど焼き、バットなどに取り出して冷ます。

5 冷めたら海苔を巻く。

【卵焼き】

A［卵…3個、牛乳…大さじ3、砂糖…小さじ2、塩…小さじ1/4］、サラダ油…適量

1 ボウルにAを入れて、塩と砂糖が溶けるようによく混ぜる。

2 卵焼き器を中火にかけて、サラダ油を入れ、キッチンペーパーでのばす。卵液を3回に分けて入れ、出し巻き卵の要領で焼く（P22の「トマトと青じそ入り卵焼き」の手順参照）。

3 冷めたら6等分に切り分ける。

【きんぴらごぼう】

人参…60g、ごぼう…20g、水…大さじ3、A［醤油・酒・みりん…各大さじ1/2、砂糖…小さじ1/2、ごま油…小さじ1/2］、一味唐辛子…少々

1 人参とごぼうは細切りにする。

2 小さいフライパンに1と水を入れ、フタをして弱めの中火で5分ほど蒸し焼きにする。

3 Aを加えて炒め合わせ、一味唐辛子をふりかける。

【ウインナー＆うずらの卵】

ウインナー…2本、うずらの卵の水煮…2個、スライスチーズ・人参・黒ごま…各少々、レタス…適量

1 ウインナーは下半分に切り込みを入れて、ボイルする。スライスチーズをストローなどで型抜きして、タコの口を作る。▶A

2 ウインナーに黒ごまで目を、チーズで口をつける。うずらの卵には黒ごまで目を、人参で口をつける（口をつけるときはマヨネーズをのり代わりにするとずれにくいです）。▶B・C

【ごはん】

ごはん、梅肉（練り梅）、海苔、スライスチーズ…各適量

1 スライスチーズに海苔を重ねる。ペティナイフや清潔なカッターなどで目と口の形をくりぬく。

2 お弁当箱にごはんを詰め、あら熱がとれたら1と梅肉で顔をつくる。▶D

仕上げ

上記のおかず…各適量、ブロッコリー（茹でる）…2切れ、ミニトマト…1個　レタス…適量

1 お弁当箱におかずを詰める。ウインナー＆うずらの卵の下にレタスを敷き、ブロッコリーとミニトマトを添える。

Wato's Point

白いごはんも、海苔で顔をつけてあげるだけでぐっと可愛さアップ。海苔の下にチーズを重ねると、時間が経っても海苔が縮まずにきれいです。

A

B
刺した穴にごまを
詰める感じで

C
お好みでいろんな
表情に♪

D

SF 要素を含む青春ラブストーリー

増淵先生の
偏愛♥
マンガGuide

とある「後悔」に苛まれている未来の自分から届いた手紙をきっかけに、未来を変えるため、主人公の高校生たちが行動していく様を描いたＳＦ青春ラブストーリー作品です。２０１４年から２０１５年まで『月刊アクション』（双葉社）に不定期連載されました。作品の舞台は長野県の松本市で、２０１５年に映画化された際にもロケ地になっていました。２０１６年にはアニメ化もされています。

単行本はシリーズ累計発行部数４７０万部を突破、世界10か国以上で翻訳出版もされています。しかし誰かのためにお弁当を作る作業はまさに愛情表現以外のなにものでもないような気がします。恋愛マンガの有効なアイテムのひとつと言えるでしょう。

マンガ飯
Recipe
06

“酢メシじゃない”花太巻きべんとう

『日日《にちにち》べんとう』佐野未央子

見た目がきれいで
栄養も摂れる、
弁当女子の知恵と
優しさが詰まった
花太巻き

Comic Information

『日日《にちにち》べんとう』
第1巻（既刊7巻）
佐野未央子／集英社クリエイティブ

ちょっと複雑な家庭の事情で、幼い頃より禅寺で育てられた主人公・黄理子。一人暮らしをするようになってからもその暮らしぶりは質実剛健。20年続くお手製弁当は穀類と漬物が基本で、愛用の“わっぱ”に雑穀米、梅干しやたくあんといった究極のシンプルさ。お弁当づくりも仕事も毎日コツコツ、一日一日をていねいに暮らすのが黄理子のスタイルです。

黄理子を隠し子として産んだ女優である母親との複雑な親子関係や、初めは水と油のような関係だった「主任」との恋の予感…。そんなストーリーの展開とともに登場するお弁当は、見た目は地味（失礼！）ながら、どれもとってもおいしそう。そして、不規則な生活と夏バテがたたって倒れた主任のために、スタッフが持ち回りでお弁当を作ることになり、そこで黄理子が作るのがこの太巻きです。仕事をしながらでもつまみやすく、具材を工夫すればきちんと栄養も摂れる。料理上手で気遣い上手な黄理子らしい、さすがのアイデアですね（ほうれん草を残されてしまったことが後に描かれていますが…）。「酢メシじゃないのでご安心を」という言葉には主任の“過去”を聞いた黄理子の優しさが表れています。

太巻きは酢メシじゃないのでご安心を——
by 黄理子

“手早く、楽しく”食べられることをテーマにした花太巻き。酢メシじゃない、ほうれん草入り、といった作中のヒントをもとに再現しました。芯には鮭フレークを混ぜ込んだごはんや卵焼きも加えて、デザイナーの黄理子らしく（!?）彩りよく仕上げています。お弁当はもちろん、ちょっとしたパーティーにも喜ばれそうな華やかさです。

“酢メシじゃない”花太巻きべんとう

『日日《にちにち》べんとう』佐野未央子

材料（1本／6切れ分）

卵焼き（花の中心部分）
　卵…1個、砂糖…小さじ1、塩…少々、サラダ油…少々
細巻き（花びら部分）
　ごはん…100g、鮭フレーク…50g、海苔（全型1枚を縦4等分に切ったもの）…5枚
ほうれん草…50gほど（1/4袋程度）
ごはん…300g
海苔…全型1枚

作り方

1 ほうれん草はよく洗って、根元をつけたままさっと茹でる。冷水にとって冷やしたら水気をよく絞り、根元を切り落とす。
2 花の中心部分の卵焼きを作る。卵、砂糖、塩をよく混ぜる。卵焼き器を熱してサラダ油をうすくのばし、1cmほどの厚さの卵焼きを作り、細く切る。（作りやすい分量で記載しているので半分ほど残ります）
3 花びら部分の細巻きを5本作る。ごはん100gと、細かくほぐした鮭フレークを混ぜ合わせる。海苔1枚につき1/5量ずつごはんをのせ、細巻きにする。▶A
4 巻きすに全型の海苔を置く。その上にごはん250gをのせ、海苔の両端2cmほどは空けて、均等な厚さに広げる。
5 中央に1のほうれん草2列、3の細巻き3本を交互に置き、上に卵焼きをのせる。▶B・C
6 巻きすをU字に持ち上げて、さらに残りのほうれん草と細巻きを交互にのせて花の形に整える。その上に、残り50gのごはんをのせて隙間を埋めたら、巻きすで全体を覆ってしっかり巻く。
7 そのまま少し置いてなじませたら、包丁で切り分ける。▶D

Wato's Point

手に薄い塩水などをつけながら巻くと、ごはんが手にくっつかず巻きやすいですよ。また、切るときには1切れごとに包丁を濡らしたキッチンペーパーなどで拭くときれいに切れます。

毎日のお弁当を通して日常を描く

増渕先生の
偏愛♥マンガGuide

2012年より、月刊『オフィスユー』（集英社クリエイティブ）に連載開始、佐野未央子の作品です。主人公の谷黄理子はデザイン会社で働く32歳の女性。この作品は彼女の日常を、毎日のべんとうを通じて描いていきます。この太巻きは、酢が苦手な主任のために作ったものですが、太巻きはビジュアルが楽しめますね。個人的には太巻きというとかんぴょう、シイタケなどの食材が思い浮かびますが、これはいわゆる「花太巻き」と呼ぶもの。食材にも工夫があるかと思いますが、もっともこの場合、大事なのは花の図柄になることでしょう。つまり巻き方のテクニックです。でも最近は随分、花太巻きも定番になってきたようです。視覚でも楽しむ料理の真骨頂ですかね。

もっと
マンガ飯
1

グルメなマンガのレシピ拝借！

『南紀の台所』（元町夏央）の
カツオの漬け丼＆茶漬け

紀伊半島の小さな港町・道浦を舞台にしたグルメマンガ『南紀の台所』。東京育ちの主人公・蘭が彼の転勤をきっかけに結婚し、道浦へと引っ越してきたところから物語は始まります。ここで再現するのは、蘭がこの土地の素晴らしさを最初に実感するきっかけとなる「カツオの漬け丼＆茶漬け」。しょう油ダレとゴマダレ、蘭特製の２種の漬けを丼で楽しんだら、〆は南紀流のお茶漬けで。

Comic Information

『南紀の台所』
第１巻（既刊３巻）
元町夏央／集英社

こんなグルメも！

- ワラビと川エビのかきあげ
- シカ肉のリエット
- 丸ごとタコのおぼれ煮
- タラの芽とベーコンのペペロンチーノ
- うなぎのタレ焼きおにぎり

etc.

大家さんが引っ越し祝いにと用意してくれた新鮮なカツオや極上のお米に、蘭の食いしん坊スイッチオン！ 大家さんが作ってくれた地元・南紀の名物「カツオ茶漬け」までペロリと平らげます。

増淵先生の
偏愛♥
マンガGuide

「南紀」に住む、作者ゆえのリアリティ

作者の元町夏央は、2005年に『包帯』で第57回小学館新人コミック大賞青年部門入選を受賞しデビュー。その後、2011年の東日本大震災を契機に、生まれ育った東京から三重県紀北町に転居。そこで生まれたのが、『南紀の台所』です。

東京生まれの東京育ちで、料理が趣味の主人公、円城寺蘭は30歳になるまで東京でのひとり暮らしを楽しんでいましたが、恋人である巴の転勤を機に、紀伊半島で結婚生活を送ることに。新生活でのさまざまな課題に遭遇するさなかで、紀伊半島は食材の宝庫だということに気がつき、料理が生活の中での重要な位置を占めていきます。この作品は、彼女がこれまで描いてきた作品とテイストを異にしますが、骨太で躍動感のある画風は健在です。

やはり作者が地元で生活して、「食」を軸にしたマンガを描くと、『南紀の台所』のようにリアリティ豊かな作品が生まれるのですね。地元に住む人にしかわからない食材や調理法が満載で、南紀の「食」の魅力を充分に感じさせてくれる作品です。

2種ダレの
欲張りカツオ丼。
〆は南紀流の
絶品茶漬けで

A

B

C

カツオの漬け丼

＜材料（作りやすい分量）＞

カツオ…サク1本（350g前後）、釜で炊いたごはん…適量、大葉…適量、おろし生姜、白ごま…各適量

＊しょう油ダレ

醤油…大さじ3、みりん…大さじ3、酒…大さじ1、おろし生姜…小さじ1/2、万能ねぎ（小口切り）…2本分

＊ゴマダレ

上記のしょう油ダレ…1/2量、白ねりごま…大さじ1、おろしニンニク…小さじ1/5

＜作り方＞

1 しょう油ダレの材料を混ぜ合わせる。半分に分け、一方に白ねりごまとおろしニンニクを加えてゴマダレにする。カツオをやや厚めに切りつけ、それぞれのタレに30分ほど漬けておく。▶A

2 茶碗に、ごはん、刻んだ大葉、カツオの漬け2種を3〜4切れずつのせる。▶B おろし生姜をのせ、白ごまをふる。

カツオ茶漬け

＜材料（作りやすい分量）＞

水…1ℓ、昆布…1枚、厚削りカツオ節…20g、釜で炊いたごはん（おコゲ入り）、上記のカツオの漬け、大葉、刻み海苔、わさび…各適量

＜作り方＞

1 鍋に水と昆布とカツオ節を入れて強火にかけ、沸いたら中火にしてアクをとりながら6分ほど煮出す。▶C

2 さらし布か目の細かいザルで濾す。

3 茶碗に、ごはん（おコゲ入り）、刻んだ大葉、カツオの漬け2種類、刻み海苔、わさびを盛る。2のだし汁をかける。

Wato's Point

鍋でごはんを炊くときにおこげを作るコツは、火を消すタイミングでぐっと強火にして1〜2分待つこと。香ばしい香りがしてきたら火を止めましょう。

もっと
マンガ飯
1

グルメなマンガのレシピ拝借！

『おいしい関係』
（槇村さとる）の
イモグラタン

天才的な料理の腕を持つシェフ・織田と、食べることが大好きで抜群の味覚センスを持つ百恵。料理の世界を舞台に繰り広げられる“おいしい”ラブストーリーです。ここでは、織田がパーティー料理の一品として作った「イモグラタン」を再現。材料も作り方もシンプルながら、クリーミーでやさしい味わいがやみつきになるおいしさ。作り方の秘密は、後ほど百恵が明らかにしています。

Comic Information

『おいしい関係』
第3巻（全16巻）
槇村さとる／集英社

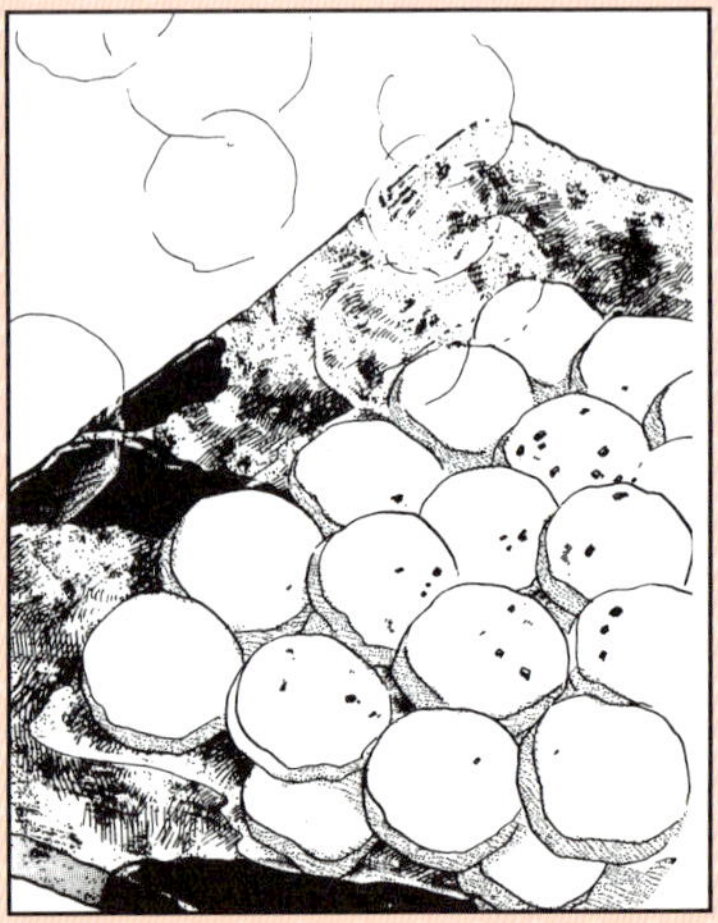

© 槇村さとる／集英社

パーティー用に盛り付けた和風の大皿も織田シェフ作。百恵が的中させたイモグラタンの作り方のポイントは、①切ったイモを水につけないこと、②イモの甘みがたりない時だけお砂糖をちょーっぴり。

増淵先生の
偏愛♥
マンガGuide

恋愛と料理の“おいしい関係”

1970年代後半〜1980年代にかけて『別冊マーガレット』（集英社）を中心に『愛のアランフェス』『ダンシング・ゼネレーション』など一連のフィギュアスケート、ダンスもので一世を風靡した槇村さとるの、女性誌進出後の代表作が『おいしい関係』です。1993年〜1999年『ヤングユー』（集英社）に連載されました。1996年にはテレビドラマ化され、中山美穂、唐沢寿明の主演で最終回の視聴率25%超のヒット作になっています。

裕福な家庭に生まれ育った主人公・百恵は、短大卒業を前に、父の突然の死によってそれまでの生活が一転。進路に悩む中、偶然入ったビストロ「プチ・ラパン」のシェフ・織田が作るコンソメの味に感動し、店で働き始めるようになります。事あるごとに対立する二人ですが、織田は百恵の努力と能力を次第に認めるように。百恵も織田に次第に惹かれていくといったストーリーです。

ここで再現するイモグラタンも織田の料理。百恵はその作り方の秘密を見抜き、レシピを忠実に再現することに成功します。恋愛と料理、まさにそれは『おいしい関係』そのものかもしれませんね。

天才シェフの腕で
じゃがいもが
ご馳走に変身！

A

B

C

＜材料（5～6人分）＞

じゃがいも（メークイン）…5～6個、牛乳…300ml～、生クリーム…100ml、塩…小さじ1/5、胡椒…少々、砂糖…適宜、パルメザンチーズ…たっぷり、ドライパセリ…少々

＜作り方＞

1 じゃがいもはよく洗ってから皮をむき、7mmほどの厚さの輪切りにする。水にはつけずにそのまま鍋に入れる。▶A

2 1に牛乳、生クリーム、塩、胡椒を加えて中火にかけ、吹きこぼれや焦げに気をつけながら10分ほど煮る。味見をして、イモの甘みがたりない時だけお砂糖をちょーっぴり加える。▶B

3 じゃがいもに大体火が通ったら天板に移す。チーズをたっぷりふって、250度に温めておいたオーブンで10分ほど、表面に焼き色がつくまで焼く。▶C

4 織田シェフが作ったような素敵な皿に移し、パセリを散らして出来上がり。

Wato's Point

じゃがいもを煮るときは、底が広い鍋の方が煮崩れしにくくておすすめ。今回は形をきれいに残すためにメークインを使いましたが、ホクホクが好きな方は男爵を使っても。

もっとマンガ飯 1

グルメなマンガのレシピ拝借！

『ラーメン大好き小泉さん』（鳴見なる）の

特製なんちゃってイタリアンラーメン

タイトル通り、ラーメンが大好きな「小泉さん」が主人公。小泉さんが野暮ったい男性ではなく、お嬢様のような女子高生なのが面白いところ。普段は物静かなのに、ラーメンを食べ始めると一変。小泉さんの食べっぷりを描く絵も躍動します。この「イタリアンラーメン」は“店ラーメン”ではなく“家ラーメン”ですが、やはり小泉さんはすごい勢いで完食。「美味!!」だったようですよ。

――これは
〝特製なんちゃってイタリアンラーメン〟です

© 鳴見なる ／竹書房

空腹で倒れていた小泉さんを友人・悠が自宅に連れていき、振舞うインスタントラーメンのアレンジメニューのひとつ。ほかに「酸辣湯麺」、「サバみそカレーラーメン」、「カルボナーラ風ラーメン」なども登場し、小泉さんはすべて完食。

「なんちゃって」にしては本格的なトマト味

Comic Information

ラーメン大好き小泉さん

『ラーメン大好き小泉さん』
第1巻（既刊4巻）
鳴見なる／竹書房

＜材料（1人分）＞
ラーメン（インスタント袋麺 塩味）…1袋、無塩トマトジュース…300ml、水…200ml、ウインナー…2本、玉ねぎ…1/6個、しめじ…20g、人参…10g、ピーマン…1/3個、にんにく…1/2かけ、オリーブ油…小さじ1、粗挽き黒胡椒…少々、粉チーズ…適量

＜作り方＞
1 ウインナーは斜め薄切りに、玉ねぎはスライス、しめじは石づきを切り落としてほぐし、人参は拍子切り、ピーマンは輪切り、にんにくは薄切りにする。
2 鍋にトマトジュースと水を入れて強火にかけ、沸騰したら中火にしてラーメンの麺を加え、袋の表示時間通り茹でる。茹であがったら火を止めて、インスタント袋麺のスープの素を加えて混ぜる。
3 麺を茹でている間に具を炒める。フライパンにオリーブ油とにんにくをいれて弱火にかけ、香りがたってきたらにんにく以外の1の具を加えてガーッと炒める。
4 器に麺とスープを移し、上に炒めた具をのせる。仕上げに粗挽き黒胡椒、粉チーズをかける。

Wato's Point
トマトジュースが多いほど、酸味が強くとろっと濃厚なスープになります。お好みで調整を。

ラーメン文化を知る最適のテキスト

増渕先生の偏愛マンガGuide

学校ではクールで無口な女子高生、小泉さんが放課後はラーメンに対しては情熱を傾ける本格的ラーメンマンガです。2015年にドラマ化もされ、注目されています。ラーメンというと『オバケのQ太郎』『パーマン』などに登場する藤子不二雄作品のキャラクター、「小池さん」が有名ですが、女子高校生のラーメンフェチの登場は時代を感じさせます。いまやラーメンは国民食といえる存在であり、海外でのラーメン店の展開も活発化しています。つまり現在のラーメン文化を知るための最適のテキストといえるのかもしれません。

Chapter
2

イケてます！簡単おいしい♪

マンガ飯の男子ごはん

マンガに登場する男子たちは意外と料理上手！？ささっと作れて、簡単おいしい「男子ごはん」のレシピです。料理の味はもちろん、腕をふるう男子たちのキャラもイケてます！

ミレリーゲ・アラ・パンナ・コン・イ・ブロッコリ

マンガ飯
Recipe
07

『のだめカンタービレ』二ノ宮知子

さすが千秋先輩、
かっこいい横文字料理です。
「大きいマカロニ」(by のだめ)
にクリームソースが
ぴったり

© 二ノ宮知子／講談社

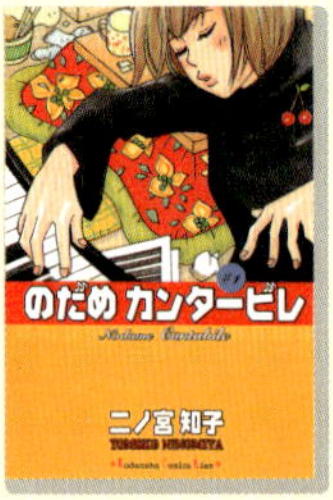

『のだめカンタービレ』
第1巻（全25巻）
二ノ宮知子／講談社

音楽マンガの傑作『のだめカンタービレ』。のだめと千秋先輩が、ピアニストとして、指揮者として才能を開花させていきますが、何度読んでも笑える二人のやりとりが楽しい。オレさまキャラの千秋先輩と、天然キャラののだめ。第1巻では、のだめがとんでもない料理（真っ黒に焦げたアジの干物に、ハート型のマヨネーズ…爆笑）を作り、あきれかえった千秋先輩が料理の腕を披露します。

ストレスがたまると、なぜか、ズボラなのだめの世話を焼いてしまう千秋先輩。のだめの汚い部屋を掃除したり、のだめのクサイあたまをシャンプーしたり…笑。この料理も、イラっとして思わず作ってしまったという感じです。それでも、出てきたのは「ミレリーゲ・アラ・パンナ・コン・イ・ブロッコリ」というかっこいい横文字料理。さすがはオレさま、千秋先輩です。のだめは「おいしい〜!!」「すごーい先輩!」と大絶賛。千秋先輩は不覚にも、のだめを「餌付け」してしまいます…笑。

実際、この料理、とってもおいしいです。作中でのだめが「大きいマカロニだ〜」と言っている「ミレリーゲ」が、クリームソースにほどよく絡み、ブロッコリーもおいしくいただけますよ。

呪文料理!!

クリームソースは、事前に仕込んでおかなくても、その場でフライパンを使って作ることができるレシピです。千秋先輩、何の準備もなく、ささっと作った感じなので。ブロッコリーも、パスタを茹でる途中で鍋に加え、一緒にザルにあげれば効率的。パスタはミレリーゲの入手が難しければ、他のショートパスタでもおいしいですよ。

ミレリーゲ・アラ・パンナ・コン・イ・ブロッコリ

『のだめカンタービレ』二ノ宮知子

材料（2人分）

ミレリーゲ（乾麺）…100g
ブロッコリー…100g
水…2ℓ、塩…20g
玉ねぎ…1/2個
バター…10g
小麦粉…10g
白ワイン…大さじ2
牛乳…300ml
生クリーム…100ml
塩…小さじ1/2
クローブパウダー（あれば）…少々
白胡椒…少々

「ミレリーゲ（ミッレリーゲ）」は、のだめの言葉の通り"大きいマカロニ"状のショートパスタ。手に入らなければ、リガトーニやペンネリガーテなどで代用できます。

作り方

1 大きめの鍋に水と塩20gを入れて沸かし、ミレリーゲを加えて時々かき混ぜながら茹でる（袋の表示よりも1分短めに）。残り3分のところで、小房にわけたブロッコリーを加えて一緒に茹で、同時にザルにあげる。▶A
2 ミレリーゲを茹でている間に、フライパンにバターとスライスした玉ねぎ、塩を入れて炒める。▶B
3 小麦粉をふり入れてさらに炒める。▶C
4 白ワイン、牛乳、生クリームを混ぜたものを少しずつ加えてのばす。▶D・E
5 クローブパウダー、白胡椒、塩（分量外）で味を調える。
6 茹でたての1を加え、1分ほど火にかけながらソースを絡ませる。▶F

Wato's Point

ブロッコリーは、少し柔らかめに茹でた方が、ミレリーゲやソースとのなじみがよくなります。

大きい
マカロニだ〜
byのだめ

「呪文料理」の名前もナイスです

ニノ宮知子が『Kiss』（講談社）に連載。テレビドラマ、実写映画、アニメが続々と作られ、マンガ自体も累計3700万部をセールスしている大ヒット作品です。

「千秋先輩」こと千秋真一は、指揮者を夢みながらも悶々とした日々を送っていたある日、酔っ払って自宅の前で眠ってしまいます。目が覚めると、ゴミにかこまれた部屋でピアノを奏でる女性が。それが「のだめ」こと野田恵でした。のだめはおそろしくズボラな女性ですが、「ミレリーゲ・アラ・パンナ・コン・イ・ブロッコリ」を、料理名の響きから「呪文料理」と評します。素晴らしいセンスですね。こんなところにも、のだめの天賦の才能を感じます。

マンガ飯
Recipe
08

卵とトマトの炒めもの

『ハヤテのごとく！』畑　健二郎

大財閥の令嬢が感激したイケメン執事のタマトマ炒め（令嬢は13歳、執事は高校生ですが…笑）

大ヒットの少年マンガですが、このマンガを知らないおじさん世代などは、表紙の絵を見ると、「これがオタクマンガか…」と、読む前から引き気味になるかもしれません。でも、試しに読んでみると、「なかなか面白いな〜」となるおじさんもきっと多いのでは…。まわりくどくなりましたが、『ハヤテのごとく！』は面白いのです。さすがは大ヒット作品です。おじさんだけでなく、少年マンガに疎い女子たちも、現実ではありえないコメディーの世界に引き込まれるかもしれません。

　ストーリーは、高校生のハヤテが、ギャンブル好きの両親の失踪によって1億5680万4000円という巨額の借金を抱えるところから始まります。その借金を返済してくれることになるのが大財閥の令嬢、13歳のナギです。借金を返済してもらう代わりに、ハヤテはナギの執事になるのでした。のっけから、ありえない展開ですが、ギャグ満載で楽しませてくれます。そして、ハヤテとナギの恋の行方も気になるラブコメディーです。

　この料理は、執事のハヤテが、朝起きてお腹を空かせていたナギに作ってあげたもの。「こんなにさわやかな炒めものは初めてだ…」とナギを感激させる一品です。

Comic Information

『ハヤテのごとく！』
第19巻（既刊48巻）
畑　健二郎／小学館

あぁ、こんなにさわやかな炒めものは初めてだ…
by ナギ（13歳の令嬢）

卵とトマトの炒めものは、ごま油を使った中華風をイメージする人が多いかもしれません。でも、作中ではナギが朝に食べ、「さわやか」と言っているので、中華風ではなく洋風なのでは。ハーブらしきものも入っているので。ということでオリーブ油を使った洋風のタマトマ炒めです。トマトの酸味が本当にさわやかです。

卵とトマトの炒めもの

『ハヤテのごとく！』畑　健二郎

材料（1～2人分）

卵…２個
塩…少々
胡椒…少々
トマト…中サイズ１個
オリーブ油…小さじ１
イタリアンパセリ…少々

作り方

1 トマトはヘタを取り除き、乱切りにする。ボウルに卵を割り入れ、塩、胡椒を加えて混ぜる。
2 フライパンにオリーブ油を入れて熱し、トマトを加えてあまり動かさずに表面を１分ほど焼く。▶A
3 １の卵液を流し入れてざっと混ぜ、半熟になったら火を止めて皿に移す。▶B・C・D
4 器に盛り、イタリアンパセリを飾る。

Wato's Point

さすが大財閥（笑）、
作中では、卵もトマトも素材が
良いみたいですね。確かに素材の
味が生きる料理なので、良い素材に
こだわって作るのもよいでしょう。
牛乳か生クリームを「大さじ2」ほど
加えると、よりふんわりしてリッチな
味わいに仕上がります。

A
動かし過ぎると
水分がでるので注意

B

C
半熟で火を止めて

D

なんだこれ…
すごくおいしい
じゃないか…
byナギ

執事マンガの面目躍如《めんもくやくじょ》

増淵先生の
偏愛♥
マンガGuide

2004年から『週刊少年サンデー』（小学館）に連載されている畑健二郎の作品です。単行本は2016年7月時点で48巻まで発刊され、アニメ化もされています。18巻の時点で単行本、関連書籍が累計で1000万部を超えた大ヒット作品です。

ギャグが楽しい作品ですが、ハヤテが、「卵とトマトの炒めもの」を作るシーンは、執事マンガの面目躍如といったところ。「卵とトマトの炒めもの？そんなものがうまいのか？」というナギの問いに、ハヤテが「小腹がすいたときにはあっさりしておいしいですよ」と答えるシーンなどは、まさに執事と令嬢。ちょっと生意気な令嬢と、心優しき執事です。

豚こまでつくる節約酢豚の献立

マンガ飯
Recipe
09

『青みゆく雪』宇仁田ゆみ

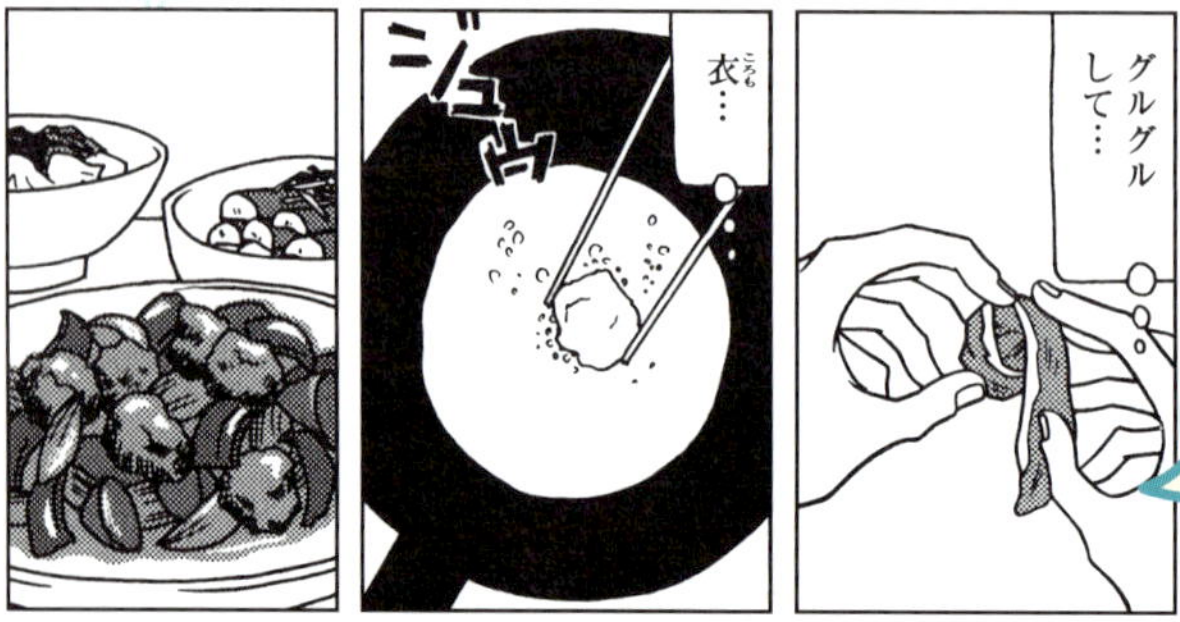

「酢豚のでけェ肉が予算オーバー」…。豚こま肉をグルグルしてつくる愛情中華

中国から留学で日本にきた大学生・青くんは、同じ学科で同じアパートに住む雪子に片思い。カタコトの日本語で雪子に精一杯の気持ちを伝えようとする青くんと、しっかり者のようでどこか天然で可愛らしい雪子。そんな2人が繰り広げる、クスッと笑えてほんわかした気持ちになれる恋物語です。

同じ中国人留学生の友人から、日本では「親しい人との挨拶は『メシ食ったか?』」(どこからの情報!?)だと教えられた青は、大好きな雪子に早速実践。挨拶のつもりが、部屋に招いて手料理を振舞うことになり…。その後も「メシ食ったか?」(青)、「まだだけど…」(雪子)という流れで、青が得意の中華料理を作って2人でごはんを食べるのが日常になっていきます。

ここで再現するのは、そんな青が雪子のために作る、暑い夏の日の献立。酢豚にきゅうりの甘酢漬け、冷やしワンタンに、作品ではデザートに杏仁豆腐まで用意しています。貧乏学生ゆえに「酢豚のでけェ肉が予算オーバー」と、酢豚用のお肉は手頃な豚こま切れ肉をグルグルと丸めて代用。節約のアイデアと愛情たっぷりの献立です。さて、青くんは胃袋と一緒に雪子のハートも掴むことができるでしょうか!?

Comic Information

『青みゆく雪』
第1巻（全2巻）
宇仁田ゆみ／小学館

雪子、メシ食ったか！？ by 青

青が大好きな雪子のために作る節約酢豚。豚こま肉を丸めた「でけェ肉」は、お財布にやさしいだけじゃなく、柔らかな食感も魅力です。お肉を揚げるところまで準備して雪子の帰りを待つ青のように、揚げる工程まで済ませておけば仕上げは楽ちん。つるりと食べられる冷やしワンタン、甘酢漬けのきゅうりも、夏にぴったりの副菜です。

豚こまでつくる節約酢豚の献立

『青みゆく雪』宇仁田ゆみ

材料（2人分）・作り方

【豚こま酢豚】

豚肉こま切れ（もしくは豚バラ肉）…250g、人参…1/2本、ピーマン…２個、玉ねぎ…1/2個、下味［醤油…大さじ1、酒…大さじ1、ごま油…小さじ1、おろし生姜…少々］、片栗粉…適量、サラダ油…適量、

あん［酢・醤油・砂糖…各大さじ3、ケチャップ・酒・みりん…各大さじ2、水…60ml、片栗粉…大さじ1］

1 あんの材料を合わせて混ぜておく。野菜は乱切りにする（人参は小さめに）。豚肉は下味の材料を揉み込み、丸めて片栗粉をまぶす。▶A・B・C

2 鍋にサラダ油を入れて170度に熱し、野菜を入れてさっと油通しする。次に、豚肉を入れて5分ほど揚げる。▶D・E

3 フライパンに野菜を入れて中火にかけ、そこにあんの材料をもう一度混ぜながら加える。

4 ややとろみがついてきたら揚げた豚肉を加え、全体を混ぜながらあんが沸騰するまでよく加熱する。▶F

【きゅうりの甘酢漬け】

きゅうり…２本、A［酢…大さじ2、砂糖…大さじ2、塩…小さじ1/2、ごま油…小さじ2］、生姜…少々

1 きゅうりは長さを3等分にし、縦半分に切る。ビニール袋にきゅうりとAを入れて30分以上漬け込む。

2 器に盛り、せん切りにした生姜をのせる。

【冷やしワンタン】

鶏挽き肉…50g、長ねぎ…5cm、大葉…3枚、A［醤油…小さじ1/2、ごま油…小さじ1/2、胡椒…少々、砂糖…少々］、

ワンタンの皮…15枚、万能ねぎ…少々、タレ［醤油、ごま油…各適量］

1 長ねぎと大葉はみじん切りにし、ボウルに入れる。鶏挽き肉とAもボウルに加え、よく混ぜ合わせる。

2 ワンタンの皮に1を1/15量ずつのせて包み、沸騰した湯に入れていく。浮いてきてからさらに1分ほど茹でたら、網じゃくしですくい、氷水にとる。

3 水気を切って皿に盛り、万能ねぎの小口切りをのせる。タレをかける。

Wato's Point

お肉を丸めるとき、
最後のひと巻きは大きめの
お肉で包み込むように
巻くと崩れにくいですよ。

でけた!!
でけェ肉!!
by 青

食が「言葉の壁」を越えるツールに

増渕先生の 偏愛❤マンガGuide

『うさぎドロップ』でも知られる宇仁田ゆみの作品。2009年から2011年にかけて『月刊!スピリッツ』(小学館)に連載されました。中国人の留学生、青が主人公のラブコメものです。

彼は同じ学科で同じアパートに住む雪子に恋をします。ただ問題は「言葉」の壁です。時折、青のカタコトの日本語は二人の間にもどかしさを生んでいきます。これがこの作品のポイントですが、今や、このようなシチュエーションは日本でも日常的なものになりつつあるように思えます。しかし青と雪子の、この恋は朗らかに、健全に育まれていきます。作中で青はいつも雪子に食事を提供しようとします。ここで取り上げた酢豚をはじめ、さすが中国人留学生、中華料理はお手のものです。

マンガ飯
Recipe
10

とーちゃんのナポリタン 目玉焼きのせ

『よつばと!』あずまきよひこ

よつばが嬉しそうに
食べるとーちゃんの
ナポリタンはどんな味？
牛乳、使ってみました

©KIYOHIKO AZUMA／YOTUBA SUTAZIO

Comic Information

『よつばと!』
第8巻（既刊13巻）
あずまきよひこ
KADOKAWA
／アスキー・メディアワークス

元気な5歳の女の子・よつばが、とにかくかわいい!!これは癒されるマンガです。よつばは女児にしては乱暴な言葉づかいで、突拍子もない行動の数々。でも、かわいくておもしろいから、みんな許しちゃいます。よつばは見たい、知りたい、やってみたい…という好奇心がハンパない。子どものピュアな言動に思わず笑っちゃうことってありますが、それが強烈な感じ。そして、笑ったり泣いたり、何か企んだり…、めまぐるしく変わるよつばの表情がとても愛くるしいのです。

よつばを取り巻く人たちも、とってもいい感じ。よつばが一緒に暮らすとーちゃんも、お隣の三姉妹や花屋のジャンボも、元気なよつばに振り回されます。そのほのぼのした世界が最高です。

さて、そんな『よつばと!』のマンガ飯。翻訳家のとーちゃんは家にいて、よく食事を作りますが、ここに再現したのはよつばが嬉しそうに食べるナポリタンです。再現するにあたっては、隠し味に牛乳を使ってみました。ナポリタンのケチャップ味は、酸味が尖って感じられることがありますが、牛乳を加えると少しマイルドになって、きっと子供にも、大人にも喜ばれる味に。ぜひ、お試しあれ。

カショ
カショ
カショ
カショ

とーちゃんのナポリタン目玉焼きのせ

『よつばと！』あずまきよひこ

具はオーソドックスなものにしました。ケチャップはトンカツソースを合わせてコクを出し、牛乳も加えてマイルドに。仕上げのバターでさらに風味をアップ。そして最後に目玉焼きをオン！作中でよつばちゃんは、とーちゃんのナポリタンにタバスコを思いっきりかけていますが（笑）、もちろんかけ過ぎにはご注意を。

材料（2人分）

ウインナー…4本
玉ねぎ…1/2個
人参…20g
ピーマン…2個
A［ケチャップ…大さじ4、トンカツソース…小さじ2、牛乳…大さじ4、
砂糖…小さじ1、塩・胡椒…少々］
サラダ油…小さじ2
バター…10g
スパゲティ（乾麺）…160～200g
卵…2個
タバスコ…適量

作り方

1 半熟の目玉焼きを作る。
2 ウインナーは斜め薄切り、玉ねぎは5mm幅にスライス、人参とピーマンは短冊切りにする。Aは混ぜ合わせておく。▶📷A
3 スパゲティを茹ではじめる（袋の表示よりも1分短く茹でる）。
4 フライパンにサラダ油を入れて中火にかけ、切った具を炒める。▶📷B
5 人参に火が通ったら、Aを加え、少々煮詰める。▶📷C・D
6 茹で上がったスパゲティとバターを加え、1分ほど炒め合わせる。▶📷E
7 皿に盛り、半熟の目玉焼きをのせる。▶📷F
8 お好みでタバスコをかける。

Wato's Point

野菜を炒めるとき、
人参に火が通る前に
焦げそうになったら、
お水をちょっと入れると
いいですよ。

食べっぷりも可愛いよつば

2016年7月までに13巻が刊行され、国内累計1300万部を突破。第10回文化庁メディア芸術祭マンガ部門優秀賞、第20回手塚治虫文化賞〈マンガ大賞〉も受賞しています。現在、13言語・20か国以上で翻訳され、海外でも発売されている大ヒット作品です。

物語は、とある町に「よつば」と「とーちゃん」の親子が引っ越してくるところから始まります。遠い海の向こうの島から来たらしいよつばが、町で初めて体験する出来事を通して、ほのぼのコメディが展開します。とーちゃんは結構な料理上手で、作品中にも数々の料理が登場。カレーやハンバーグなど、特に凝った感じではありませんが、どれもおいしそうに描かれていて、よつばの可愛い食べっぷりにも癒されます。

マンガ飯
Recipe
11

“失敗しない”からあげの献立

『喰う寝るふたり 住むふたり』日暮キノコ

いつもは食べるだけの
彼氏が一念発起。
相手を想う気持ちが
一番のスパイスに

男の俺が…!!
まかせろっ
新たな食卓の楽しさを
教えてくれた

Comic Information

喰う寝るふたり 住むふたり
2

『喰う寝るふたり
住むふたり』
第2巻（全5巻）
日暮キノコ／
徳間書店（ゼノンコミックス）

交際10年目、同棲生活8年目を迎える三十路直前のカップル、リツコとのんちゃん。そんな「恋人以上、夫婦未満」の2人に起きる、さまざまな日常の出来事を描いた『喰う寝るふたり 住むふたり』。長年の付き合いだからこそ、分かり合えることもあれば、ぶつかることもある。生活リズムの違いやお金のこと、家事の分担、夜の生活、そして結婚のこと…などなど、ふたりが直面する同棲カップルの〝あるある〟問題はじつにリアルで共感を呼びます。

夕食づくりは料理好きなリツコの担当。リツコの作る料理をいつも「うめーっ」と満面の笑顔で食べるのんちゃんですが、ある時、残業続きのリツコのために一念発起。料理ベタなのんちゃんがリツコに色々つっこまれながらも作るのが、このからあげの献立です。「揚げ物は油が飛ぶのが恐いから苦手」というリツコの言葉を思い返し、メインはからあげに決定！市販のからあげ粉を使った簡単バージョンですが、お皿にはきちんとレタスを敷いて、「三郎風サラダ」とお味噌汁も添えられています。たまには既製品に頼ったって、相手を想って作ればご馳走になる。リツコの心の声を借りれば、〝自家製《ホームメイド》の幸福感〟に満ちた献立です。

誰かのためにメシ作るのってこういう気持ちなんだ…

byのんちゃん

のんちゃんのように、料理ベタな彼氏や旦那さんにもぜひチャレンジしてみて欲しい献立です。からあげにサラダ、味噌汁と特別なものはないけれど、揚げたて、できたてのおいしさは格別。サラダは、ネーミングから二人の行きつけのラーメン屋『三郎』のインスパイア系？！と読んで、にんにく入りの男子好みの味にしてみました。

“失敗しない”からあげの献立

『喰う寝るふたり 住むふたり』日暮キノコ

材料（2人分）・作り方

【からあげ】

鶏もも肉…300g（大きめ1枚）、市販のからあげ粉…30g、サラダ油…適量、レタス…適量

1 鶏もも肉は、脂の塊（黄色っぽい部分）があれば切り落とし、一口大に切る。

2 ビニール袋に鶏肉とからあげ粉を入れ、少し空気を入れた状態で袋の口を持ち、鶏肉にまんべんなく粉がつくまでもみ込む。A

3 鍋にサラダ油を入れて170度に熱し、2の鶏肉を入れる。時々裏返しながら4分ほど揚げる。B・C

4 レタスを敷いた皿に盛り付ける。

【三郎風サラダ】

モヤシ…150g、キャベツ…50g、アスパラガス…4本、万能ねぎ…適量

A［醤油…大さじ1、ごま油…小さじ1、おろしにんにく…小さじ1/4、ラー油…4滴ほど、黒胡椒…少々］

1 モヤシはさっと洗う。キャベツは短冊切りにする。アスパラガスは下の方の固い皮とハカマをピーラーで薄く剥いたら、斜めに5等分に切る。万能ねぎは小口切りにする。

2 鍋に湯を沸かし、沸騰したらアスパラガスを入れて1～2分茹でる。網じゃくしですくい上げ、ザルにあげてそのまま冷ましておく。

3 残ったお湯にモヤシとキャベツを入れて1～2分茹でる。ザルにあげてそのまま冷ましておく。

4 ボウルにAと、モヤシ、キャベツを加えて和え、器に盛る。D

5 アスパラガスを添え、万能ねぎを散らす。

【ごはん】

ごはん…お好みで適量

【みそ汁】

乾燥わかめ…2g、絹豆腐…1/4丁、万能ねぎ…少々、味噌…大さじ2弱、だし汁…400ml

1 小鍋にだし汁、乾燥わかめ、さいの目に切った絹豆腐を入れて弱めの中火にかける。

2 沸いてきたら火を弱め、味噌を溶き入れる。少しだけ火を強めて沸騰直前まで温める。

3 お椀に注ぎ、2cmほどに切った万能ねぎをちらす。

Wato's Point

使用するからあげ粉によって、詳しい分量や作り方は異なります。買ってきたからあげ粉の説明書きを参考にしてください。からあげ粉をもみ込む際は、袋に空気を入れて振るようにして粉がまんべんなくつくようにしましょう。

野菜も
忘れずに〜♪
by のんちゃん

料理がコミュニケーションの手段に

増淵先生の 偏愛♥ マンガGuide

日暮キノコの2012年から2014年に『月刊コミックゼノン』(編集・コアミックス／発売・徳間書店)に連載された作品です。2014年にはテレビドラマ化もされています。同棲カップルの日常生活での微妙なすれ違いを男女それぞれの視点から描いています。

もちろん料理は物語の展開上、マストアイテムになっています。『喰う寝るふたり 住むふたり』はマンネリ化した同棲生活を描いていますが、料理は彼らの距離を縮めることに大きな役割を果たします。料理も男女の仲を取り持つひとつのエッセンスなのですね。料理はただ食べるだけのためのものではなく、コミュニケーションの手段だという見方もできるでしょう。

もっと
マンガ飯
2

スペシャル簡単★マンガ飯

『文豪ストレイドッグス』
（原作：朝霧カフカ、漫画：春河３５）の
夜食の茶漬け

『文豪ストレイドッグス』1巻冒頭の回想シーンで登場する、「夜食の茶漬け」を再現。具材は梅干し、刻み海苔、夕餉の残りの鶏肉、塩昆布と意外と豪華！？“夕餉《ゆうげ》の残りの鶏肉”はレンジで作る簡単蒸し鶏を使ってみました。その後の場面で、餓死寸前の主人公が食べたいものを問われ「茶漬け」と答えていますが、本当に空腹のときに食べたくなるのはこんなシンプルな料理なのかも。

Comic Information

『文豪ストレイドッグス』
第1巻（既刊10巻）
朝霧カフカ・春河35／ KADOKAWA

孤児院を追い出された主人公・中島敦が、食べるものも寝る場所もなく、鶴見川のほとりを彷徨うシーンから物語は始まります。熱い白湯が注がれる茶漬けの描写が、妙においしそうで印象的です。

増淵先生の
偏愛♥
マンガGuide

太宰、芥川…、キャラ化された文豪たちがバトル

原作・朝霧カフカ、作画・春河35による、『ヤングエース』（KADOKAWA）2013年1月号より連載中の作品です。2016年にアニメ化もされています。太宰治、芥川龍之介、中島敦といった文豪がキャラ化され、『人間失格』、『羅生門』、『月下獣』といった代表作をモチーフとした異能力を用いて戦うアクションマンガです。孤児院を追い出されて、横浜市を放浪する少年・中島敦は鶴見川に飛び込んで溺れかかっていた太宰治を助けます。それを契機に、敦は太宰が所属する武装探偵社が追う巨大な虎の捜索を手伝うことになるという展開です。

さて、この作品の冒頭に太宰を助ける前の、空腹で街を彷徨う敦が、孤児院の台所で人目を忍んで食べたお茶漬けを思い出す件が出てきます。梅干しに刻み海苔、それに夕餉の残りの鶏肉を添え、それを熱い白湯に浮かべ、塩昆布と一緒にかきこむと記されていますが、これはいわゆる〝湯漬け〟に当たるものでしょう。この湯漬けは古く平安時代の『源氏物語』や『草枕』にも登場するものです。まさに『文豪ストレイドッグス』は日本の文学の流れを踏襲しているという見方もできるかもしれません。

チンした鶏肉をのせる
だけでちょっと豪華に。
空腹で食べれば
最高のご馳走

A

B

＜材料（1人分）＞

鶏むね肉…1枚（お好みの量を具に使用）
酒…大さじ1
塩…小さじ1/3
ごはん…1膳分
具［梅干し・刻み海苔・塩昆布…各適量］
白湯…適量

＜作り方＞

1 まず“夕餉の残り”という設定の鶏肉（蒸し鶏）を用意する。鶏むね肉は脂の塊（黄色っぽい部分）があれば切り落とし、ところどころフォークで刺す。耐熱皿に入れて酒と塩をもみ込み、ラップをふんわりかけて10分ほど置く（下味をなじませます）。電子レンジ600wで4分、裏返して2分加熱する。冷めるまでそのまま置いておく。冷めたら手で裂くか包丁でスライスし、皿に残った肉汁に漬けておく。▶A
2 お茶漬けを作る。茶碗にごはんを盛り、鶏肉、梅干し、刻み海苔をのせ、塩昆布を添える。▶B
3 そこに熱い白湯を注ぐ。

Wato's Point

鶏肉は、冷めてから切ることと、切った後は肉汁に漬けておくことでしっとり仕上がります。

もっとマンガ飯 2

スペシャル簡単★マンガ飯

『恋は雨上がりのように』（眉月じゅん）の サンドイッチ バナナホイップ添え

クールな女子高生・橘あきらが想いを寄せるのは、年の離れたバイト先の店長（45才、子持ち）。そんな設定と恋するあきらの言動が胸キュンを呼び、「妄想を具現化した」とも評される本作品より、あきらがファミレスの賄いで食べるサンドイッチを再現。あきらに目をつけているバイトのイケメン大学生が作ってくれるのですが、チョコスプレーを飾ったバナナホイップの“おまけ”が何だか意味深！？

黒髪ロングでクールビューティーな主人公・あきら。普段は感情をあまり表に出さず、おまけのバナナホイップにも反応薄め。

Comic Information

『恋は雨上がりのように』
第2巻（既刊5巻）
眉月じゅん／小学館

バナナホイップの“おまけ”で彼女の気を引ける！？

<材料（1人分）>

８枚切り食パン…２枚、レタス…1～２枚、トマト…中1個、スライスチーズ…1枚、マヨネーズ・マスタード…各適量、バナナ…3切れ、ホイップクリーム・チョコソース・チョコスプレー…各適量

<作り方>

1. レタスは洗って水気をよく拭き取り、ちぎる。トマトは輪切りにして種を取り、キッチンペーパーの上に置いておく。パン1枚の片面にマヨネーズ、もう1枚の片面にマスタードを塗る。
2. パンにトマト、レタス、チーズを挟み、ラップで包んで少しなじませておく。
3. 皿にホイップクリームを絞り、バナナ、チョコソース、チョコスプレーをのせる。ななめに半分に切ったサンドイッチを盛る。

Wato's Point

画ではサンドイッチの具材が特定できなかったので、ハムやチーズなどお好みで妄想を楽しんで♪

増淵先生の 偏愛♥マンガGuide

女子高生が冴えないおじさんに片思い

『月刊！スピリッツ』（小学館）に2014年から連載、その後、『ビッグコミックスピリッツ』（同）に移行。2015年度のコミック・ナタリー大賞第2位、単行本は既刊5巻の時点で、140万部を超えます。女子高生、あきらがアルバイト先のファミレスのうだつの上がらない子持ち、45歳の店長に恋をするという物語で、甘酸っぱい青春マンガ的な雰囲気が作品に漂っています。作品の舞台は横浜周辺で、ランドマークタワーが何度か出てきたり、駅もその界隈のもの。作者が横浜出身だからなのでしょう。こんな風に街が見える作品はいいですね。ふとそのファミレスを探してみたくなります。

Chapter

3

気分で選ぶ？マンガで選ぶ？

きょうの「カレー」は、どのマンガ飯？

定番のカレーも、ちょっと気分を変えて"マンガ飯"に挑戦。豪快シーフードカレー、キーマカレー、タイカレー、スープカレーとタイプもさまざまです。気分にあわせてチョイスを♪

燃えれ（モエレ）・荒磯カレー

マンガ飯
Recipe
12

『チャンネルはそのまま！』佐々木倫子

魚介をどさっ。
焼酎をどばーっ。
結果オーライの
花子気分で作ろう、
豪快シーフードカレー

ツッコミどころ満載、笑いどころ満載。札幌の地方テレビ局に謎の採用枠「バカ枠」で入社し、報道部に配属された主人公・雪丸花子が行く先々で騒動を起こしながら記者として成長（!?）していく物語です。破天荒な行動を繰り広げる花子ですが、当の本人に「バカ」の自覚はなく、常に本気で一生懸命。そのありえない言動と必死さのギャップが笑いを誘います。

そんな花子が街録（街頭インタビュー）マスターになる！と意気込む回で、登場するのがこのカレー。農業の町・茂恵礼町と漁業の町・荒磯町が合併することになり、合併後の町名候補「モエレ町」について住民にインタビューするはずが…。花子のKYな行動が逆に町民の本音を引き出し、町おこしのために荒磯町の豊富な魚介類を使ったカレーを作る展開に。そして、さすが花子。ここでも奇跡を起こします。焼酎を注ぐ加減を間違え、炎が上がるカレー鍋。そこから「燃えれ（モエレ）・荒磯カレー」のネーミングが生まれ、名が残るならばと町民も合併に賛成。結果オーライとなるのです。このカレーはいわば花子のバカっぷりが奇跡を呼び、生まれた偶然の産物。作って食べたら、これまた奇跡が起きそうな予感!?

Comic Information

『チャンネルはそのまま！』
第2巻（全6巻）
佐々木倫子／小学館

燃えれ…、モエレ…

これでもか！というほど魚介類を豪快に、贅沢に使って再現しました。焼酎を注いで炎を上げる“モエレ”の儀式も欠かせません。作中ではルウやスパイスには触れていませんが、大鍋で豪快に作る様子から固形ルウを使ったお手軽レシピに。北海道らしさを意識していかワタで濃厚なコクを、牛乳でマイルドさも加えました。

燃えれ（モエレ）・荒磯カレー

『チャンネルはそのまま！』佐々木倫子

材料（ひと鍋・約6人分）

いか…1杯
有頭えび…6尾
ほたて…6個
つぶ貝…3個
玉ねぎ…2個
生姜…10g
にんにく…1かけ
サラダ油…大さじ1
焼酎…100ml
お湯…600ml ～
牛乳…80ml
カレールウ…6皿分
ごはん…適量

魚介類は、お財布に余裕があれば思い切ってご馳走感のあるものを。今回はえびは殻ごと使って旨みたっぷりに仕上げました。

作り方

1 フライパンにサラダ油、みじん切りの生姜とにんにく、スライスした玉ねぎを入れて強めの中火にかけ、茶色くなるまでじっくり炒める（途中、焦げつきそうになったら水を少々加える）。▶A・B
2 いかは胴体と足に分け、内臓、目玉、くちばしを除く。胴体は輪切りに、足は食べやすいサイズに切る。ワタは取っておく。えびはヒゲと足をハサミで切り、よく洗う。ほたてとつぶ貝は殻から外し、内臓を取り除き、食べやすいサイズに切る。
3 1に2の魚介といかのワタを入れ、強火で手早く炒める。▶C
4 大体火が通ったら焼酎をどばーっと加えて、フランべする。▶D
5 分量のお湯の一部で、包丁で細かく刻んだカレールウを溶かして加える。残りのお湯を少しずつ混ぜながら加える。▶E
6 ひと煮立ちしたら牛乳を加え、沸騰直前で火を止める。▶F
5 皿にごはんを盛り、カレーをかける。

Wato's Point

魚介は火を通しすぎないように、手早く仕上げましょう。

北海道民ならではの小ネタも満載

『動物のお医者さん』でも知られる佐々木倫子による、『週刊ビッグコミックスピリッツ』（小学館）で2008年19号から2013年22・23号まで月1回ペースで連載された作品です。単行本は全6巻刊行されています。舞台となっている北海道☆（ホシ）テレビ（HHTV）の放送局のモデルは、協力の記載にもありますが『水曜どうでしょう』でお馴染みの札幌の北海道テレビ放送（HTB）。作中に登場する小倉部長のモデルも『水曜どうでしょう』ファンなら誰だか分かりますよね。

ちなみに「モエレ」は札幌市内に実在する地名。さすがに北海道在住のマンガ家らしい、地元を熟知した小ネタが効いています。北海道を理解するテキストとしても最高ですね。

簡単☆キーマカレーの献立

『ReReハロ』南　塔子

王子様キャラ湊の「NG食材」を見事クリア。しかも手早く作る神業キーマカレー

© 南塔子／集英社

父の代わりに「便利屋」の仕事を請け負うことになった女子高生・早川リリコが、依頼先で出会ったのは同じ年で一人暮らしのイケメンお坊っちゃま・周防湊。リリコの料理の腕前を気に入った湊との〝交換条件〟で、リリコは毎日のように湊の家で夕食づくりをする羽目になって…。まさに、少女マンガの王道といえるストーリー展開と、湊の王子様キャラっぷりがたまらない『ReReハロ』。普段はクールながら、時折見せる無邪気な笑顔…女子のツボをことごとく押さえた湊の一挙一動は必見。日ごろ胸キュンが足りない!というあなたに捧げたい一冊です。

主人公のリリコは幼い頃に母を亡くし、以来、家族の食事づくりを任されてきたため料理はお手のもの。作品では料理シーンが多く出てきますが、リリコが初めて湊に作ったのが、この「キーマカレー」です。作中では買い物を含めて30分以内で完成させている設定。しかも、買い物途中で携帯に送られてきた大量の「NGリスト」食材を除いて作るという神業レベル!そして、ひと口食べた後の湊の笑顔がそのおいしさを物語っています。こんな献立がササッと作れたら、湊みたいな王子様が現れるのでしょうか??

Comic Information

『ReReハロ』
第1巻（既刊10巻）
南　塔子／集英社

すげーウマイ by 湊

買い物も含めて30分、、とはいかないまでも、フライパンひとつで作れるキーマカレーは覚えておくと便利なレシピです。湊の「NGリスト」をよくよく見ると、豚肉、羊肉、脂っこい肉の文字があることもあり、ここでは鶏挽き肉を使用。クセのあるスパイスなどは使わず、トマトやヨーグルト入りで子供でも食べられるやさしい味わいに。

簡単☆キーマカレーの献立

『ReReハロ』南　塔子

材料（2人分）・作り方

【キーマカレー】

鶏挽き肉…200g、玉ねぎ…1個、人参…50g、トマト…中1個、ローリエ…1/2枚、おろし生姜・おろしにんにく…各小さじ1/2、白ワイン…50ml、ヨーグルト…大さじ2、お湯…100ml ～、カレールウ…2皿分、サラダ油…大さじ1、ターメリックライス＊…適量、ゆで卵…2個、ドライパセリ…適量

1 玉ねぎと人参はみじん切りに、トマトは1cm角に切る。フライパンにサラダ油、玉ねぎ、人参、ローリエを入れ、中火で炒める（途中、焦げつきそうになったら水を少々加える）。▶A

2 人参に火が通り、玉ねぎが色づいたら、鶏挽き肉、生姜とにんにく、トマトを順に加えてその都度炒める。▶B・C

3 白ワイン、ヨーグルト、包丁で細かく刻んだカレールウを加え、混ぜ合わせる。▶D・E

4 様子を見てお湯を加え、濃度を調節する。▶F

5 皿にターメリックライスを盛り、カレーをかけてスライスしたゆで卵をのせる。パセリをふりかける。

＊ターメリックライス（作りやすい分量）

米…2合（300g）、ターメリック…小さじ1/5、塩…少々、胡椒…少々、水…2合分（360ml）

1 米は研いで水気をよく切ったら、炊飯器に入れる。

2 ターメリック、塩、胡椒、水を加えたらよくかき混ぜ、表面を平らにならす。通常通りに炊く。

玉ねぎと人参はみじん切りに、トマトは小角切りに。大きさを揃えると仕上がりもきれいです。固形ルウは刻んで加えます。

【サラダ】

ブロッコリー…小房4個、蓮根（スライス）…4枚、キャベツ（せん切り）…80g、ミニトマト…6個、きゅうり（スライス）…6枚、クルトン・市販のドレッシング…各適量

1 小鍋に湯を沸かし、ブロッコリーと蓮根を2分ほど茹でる。ザルにあげて冷ます。

2 器にキャベツを盛り、上にその他の野菜をのせる。クルトンをちらし、好みのドレッシングをかける。

【コンソメスープ】

市販のコンソメスープ…2袋、
お湯300ml ～

1 スープの作り方の表示に従って作る。

Wato's Point

お好みで、
キーマカレーの手順1の時に
クミンホールを一緒に炒めると、
より本格的な味わいに
なります。

おまえ…料理
エツコ（家政婦）
並だな by湊

料理がストーリー展開のカギに

2013年から『別冊マーガレット』（集英社）に連載されている南塔子の作品。タイトル名の由来は、メールの返信時に付く「Re：」とリリコのReを掛け合わせた言葉遊びです。この作品の主人公・早川リリコは便利屋の父をもつ高校1年生。わがままで御曹司の湊に料理を気に入られ、毎日夕食作りを頼まれることになります。はじめは雇人と主関係だった2人が、料理をきっかけに徐々に距離を縮めていくというストーリーは、少し違ったアプローチからのグルメマンガと言えなくないでしょう。リリコはキーマカレーにゆで卵のスライスを添えて、サラダ、スープも一緒に作ります。時間のないところで作った割にはさすが気が利いていますね。

タイカレー

『にこたま』渡辺ペコ

© 渡辺ペコ／講談社

Comic Information

『にこたま』
第3巻（全5巻）
渡辺ペコ／講談社

「俺、それしか
できないから」。それが
なぜかタイカレー（笑）。
確かに意外と簡単です

交際9年・同棲5年のカップル、あっちゃんとコーへーは三十路手前でゆらゆら。仕事、結婚、子づくりなどの問題に直面する、アラサー世代の〝思春期〟を描いた作品です。一見アラサーカップルの結婚までのほのぼのストーリーと思われそうですが、内容はなかなか重ため。あっちゃんはコーへーから突然、他の女性を妊娠させてしまったことを告げられ、そんな時期と重なってあっちゃんに卵巣腫瘍が見つかって手術をすることになり…。

そんなストーリー展開の中で、スパイスのひとつになっているのが料理。料理上手なあっちゃんが作る食事をはじめ、お弁当屋さんの惣菜や居酒屋の一品などがさりげなく登場し、日常のリアリティを高めています。その中から、ここではコーへーがあっちゃんに作る「タイカレー」の献立を再現。普段の料理担当はあっちゃんですが、稀にコーへーが作る時はタイカレーが定番のようで「俺、それしかできないから」と1巻でもグリーンカレーが登場しています。「それしかできない」のが何故タイカレーなのかは謎ですが、確かにタイカレーは市販のペーストを使えば意外と簡単にできちゃうもの。その割にひねりの効いた感じがオトコの料理向きなのかもしれません。

またタイカレーでごめん byコーへー

市販のペーストを使って作るタイカレーは、煮込み時間も短くてOKなのが嬉しいところ。作中の画では、あっちゃんお手製（1巻情報より）のらっきょう漬けとナンプラーと思われる瓶も卓上に。調理の仕上げだけでなく、「カレーもナンプラーもだいすき」というあっちゃんは、ナンプラーを追加して食べる派なのかもしれません。

タイカレー

『にこたま』渡辺ペコ

材料（ひと鍋・約4人分）

鶏もも肉…300g
なす…2本
水煮たけのこ…1/2本（80g）
赤ピーマン…2個
水煮ふくろだけ…8個
サラダ油…大さじ1
グリーンカレーペースト…1袋（50g）
ココナッツミルク…400ml
A［水…300ml、ナンプラー…大さじ1～、砂糖…大さじ1～］
パクチー・らっきょう漬け・ごはん…各適量

カレーペーストをはじめナンプラー、水煮ふくろだけ、ココナッツミルクなどの食材は、輸入食品屋さんなどで手に入ります。

作り方

1 鶏もも肉は、脂の塊（黄色っぽい部分）があれば切り落とし、一口大に切る。なすは乱切り、赤ピーマンは細切り、たけのこはスライス、ふくろだけは半分に切る。
2 鍋にサラダ油とグリーンカレーペーストを入れて弱火にかけ、焦げないように炒める。▶A
3 香りが出てきたら、ココナッツミルクと鶏肉を入れて煮立たせる。▶B・C
4 なす、たけのこ、ふくろだけ、Aを加え、中火で15分ほど煮込む。▶D・E
5 仕上げに赤ピーマンを加えてさっと煮る。▶F
6 器に盛り、パクチーをのせる。ごはんとらっきょう漬けを添える。

Wato's Point

詳しい分量や作り方は、買ってきたカレーペーストの説明書きを参考にしてください。ナンプラーと砂糖の量はお好みで。

カレーも
ナンプラーもだいすき
by あっちゃん

三十路直前の"思春期"カップルを描く

交際9年、同棲5年の浅尾温子と岩城晃平のカップルが主人公です。仕事、結婚、子作りやその他もろもろと三十路直前、最後の思春期かもしれません。『月刊モーニングtwo』（講談社）で2009年から2012年にかけて連載された渡辺ペコの作品です。単行本としては全5巻が刊行されています。この作品はまさに等身大の同棲カップルの話なので、食事のシーンが頻繁に出てきます。鍋物から麺類、そのジャンルも幅広いのですが、ここで取り上げたのは晃平の作るタイカレーです。温子に卵巣腫瘍が見つかって手術をすることになり、気を遣う晃平は食事の支度をするのですが、レパートリーが少ないため、作るのはやはりタイカレーなのでした。

Special

グルメマンガのカレー

『華麗《カレー》なる食卓』（ふなつ一輝　監修／森枝卓士）の

キッチンハートのスープカレー

作品中に多種多様のカレーが登場し、巻末にはレシピも紹介されている“世界初のカレーマンガ”。その中から、ここでは骨付きチキン入りのスープカレーを再現してみます。単行本17巻中盤〜18巻の北海道編で、カレー料理人の主人公・マキトは札幌で開催される「札幌スープカレーフェスタ」に挑むことに。そこで作るのが、この“一度食べたらクセになる極上のスープカレー”です。

ありがとうございました

参加店舗がスープカレーの販売食数を競う「札幌スープカレーフェスタ」で、主人公・マキトが作ったのがこのスープカレー。ココナッツミルクにタマリンド、隠し味にカツオ節と酸味や甘み、旨みが調和した味わいは作中で“極上”と認定されたおいしさです。

スープカレーフェスタ（作中の）で「極上」と認定

Comic Information

華麗なる食卓

『華麗なる食卓』
第17巻（全49巻）
ふなつ一輝／集英社
監修／森枝卓士（食文化研究家）

＜材料（4人分）＞
骨付き鶏肉…1kg（チキンレッグ4本）、サラダ油…適量、玉ねぎ…2個、にんにく…5かけ、生姜…1かけ、カレーリーフ…6枚、A[チリパウダー…大さじ2、クミンパウダー…大さじ2、コリアンダーパウダー…大さじ1と1/2]、トマト…2個、レモングラス…1本、ココナッツミルク…1缶（400ml）、タマリンドペースト…大さじ2、カツオ節…5g、塩…小さじ2〜3、胡椒・ガラムマサラ…各適宜

＜作り方＞
1. フライパンにサラダ油を入れて熱し、鶏肉を焼く。表面だけ焼き色をつけておく。
2. みじん切りに刻んだ玉ねぎ、にんにく、生姜とカレーリーフを炒め、軽く色づいてきたらAを加え、軽く炒める。
3. 乱切りにしたトマトを加え、レモングラス、ココナッツミルク、タマリンドペースト（お湯120ml〜で溶きながら加える）と、包丁で細く刻んだカツオ節を加え、塩、胡椒で味を調える。
4. 1の鶏肉を加え、40分ほど煮る。
5. 最後にガラムマサラで味を調え、出来上がり。

Wato's Point
お好みで、砂糖大さじ1〜を加えると酸味がまろやかになります。

※材料・作り方は『華麗なる食卓』17巻掲載の「キッチンハートのスープカレー」のレシピをもとにアレンジを加えています。

増淵先生の偏愛♥マンガGuide

カレーレシピの充実ぶりにも注目

『華麗なる食卓』はグルメマンガの代表作のひとつでしょう。この作品の特色は、何といっても扱う料理がカレーに限定されているという点にあります。『週刊ヤングジャンプ』（集英社）に2001年から2013年まで連載され、単行本は全49巻という長編作品になっています。ストーリーは、カレー料理人の主人公・高円寺マキトが父を探すため、そして世界一のカレー料理人になるため、さまざまな料理人たちとカレー勝負を繰り広げていくというものですが、食文化研究家・森枝卓士によるレシピの充実ぶりにも多くの注目が集まりました。

Chapter
4

作って、食べて、盛り上がる！

きょうは、みんなで
マンガ飯Party♪

みんなでワイワイ作れるマンガ飯は、人が集まるパーティー料理にもぴったり。ちょっと遊びごころをプラスして…、いつもとひと味違った〝マンガ飯Party〟はいかが？

「ドラやき食堂」のドラバーガー

マンガ飯
Recipe
15

『ドラえもん』藤子・F・不二雄

国民的マンガ、『ドラえもん』。ご存知のように、22世紀の未来からやってきたネコ型ロボットの「ドラえもん」と、何をやってもドジばかりの小学生「野比のび太」のコンビが楽しませてくれます。

「小学生のころ、夢中で読み耽ったな」。「子供と一緒に映画をたくさん見たな」。「合コンで〝ぼくドラえもん〟の声真似を何回もやったな」…等々、みなさん、それぞれに『ドラえもん』にまつわる思い出をお持ちなのではないでしょうか。

今回は、そんな親愛なる『ドラえもん』のマンガ飯に挑戦です。第33巻の「地底のドライ・ライト」の話の中で、ドラえもんが会社の社長になって、社長室の横に「ドラやき食堂」を作るという妄想シーンがあり、そのメニューの一つとして登場するのが「ドラバーガー」です。

ドラえもんの大好物と言えばドラやき。他に「ドラどん」、「ドラさしみ」、「ドラカレー」、「ドラステーキ」が描かれていますが、正直、これらはレシピを想像することができず（ゴメンね、ドラえもん）、「ドラバーガー」を再現することにしました。ドラやきの甘い生地が意外とおいしい「ドラバーガー」なので、パーティーなどでお試しあれ。老若男女を問わず親しみやすい味で、きっとみんな『ドラえもん』のアレコレ話で盛り上がりますよ。

「ドラどん」etc. は断念。（ゴメンね、ドラえもん）
でも、おいしい「ドラバーガー」ができました

Comic Information

『ドラえもん』
第33巻（全45巻）
藤子・F・不二雄／小学館

そうだ…ドラやき食堂をつくろう byのび太

ドラやきの生地は、砂糖とはちみつで程よい甘さにしました。1枚が直径7cmくらいで、ハンバーガーの生地としては小さめ。パーティーで、みんなが手軽に食べられるミニサイズのハンバーガーをイメージしました。「ドラやきの甘い生地は意外とハンバーグに合う」。きっと、そう感じてもらえる新感覚バーガーです。

「ドラやき食堂」のドラバーガー

『ドラえもん』藤子・F・不二雄

材料（6個分）・作り方

＜生地（約12枚・ドラバーガー6個分）＞

卵…2個、砂糖…60g、はちみつ…小さじ2、薄力粉…100g、ベーキングパウダー…小さじ2/3、水…大さじ1〜

1 ボウルに卵、砂糖、はちみつを入れ、生地がもったりするまでハンドミキサーでしっかり泡立てる。▶A

2 1に薄力粉とベーキングパウダーを合わせてふるい入れ、さっくり混ぜ合わせる。▶B

3 水を少しずつ入れて混ぜ、濃度を調節する。▶C ラップをかけ、15分ほど生地を休ませる。

4 フッ素加工のフライパンを弱めの中火にかけ、温まったら濡れ布巾の上に置いて温度を下げる（表面の温度を均一にする効果もあります）。

5 再びフライパンを弱めの中火にかける。生地を高めの位置から流し入れ、直径7cmくらいの円形にする。▶D

6 フタをして焼き、表面がプツプツしてきたらひっくり返し、またフタをして2〜3分焼く。▶E

7 焼きあがったら、バットなどに移し、濡れ布巾を掛けて冷ます（濡れ布巾を掛けることで乾燥を防いでしっとり仕上がります）。

＜ハンバーグ＞

合挽き肉…300g、A［玉ねぎ…1/2個、卵…1個、牛乳…大さじ2、パン粉…1/4カップ、塩…小さじ1/2、胡椒…少々］、サラダ油…大さじ1

1 玉ねぎはみじん切りにして耐熱皿に入れる。ラップをふんわりかけたらレンジ600wで4分加熱し、冷ましておく。大きめのフライパンに、キッチンペーパーなどでサラダ油を塗っておく。

2 ボウルに合挽き肉と1の玉ねぎ、Aの他の材料を入れ、粘りがでてきてまとまりが良くなるまで、手で手早くこねる。

3 2を6等分にして円型に整え、真ん中をくぼませる。フライパンに並べ、強火にかける。1分ほど焼いたら弱めの中火にし、フタをして3分、裏返してフタをして3分焼く。最後にフタを開けて少し火を強めて1分ほど焼き、バットなどに取り出して冷ます。

仕上げ

ドラやきの生地…12枚、ハンバーグ…6個
レタス・トマト・スライスチーズ・マヨネーズ…各適量、A[ウスターソース、ケチャップ…各大さじ2]

1 レタスは洗って水気をよく拭き取り、ちぎる。トマトは輪切りにして種を取り、キッチンペーパーの上に置いておく。スライスチーズは丁度よいサイズに切る。

2 生地にマヨネーズを塗り、レタス、チーズ、ハンバーグ、Aを混ぜたソース、トマトを重ね、上にもう一枚生地をのせる。▶F

Wato's Point

生地に水を加えて調整する際は、ゆるすぎると焼く時に広がりすぎてしまうので要注意です。

A
もったりするくらいまで

B

C
水は様子を見ながら
少～しずつ

D

E

F

『ドラえもん』はやっぱりすごい

増渕先生の
偏愛
マンガGuide

藤子・F・不二雄の不朽の名作です。日本のみならずアジア圏での認知度も高く、もう日本だけの『ドラえもん』ではありません。

「ドラバーガー」が登場する第33巻の「地底のドライ・ライト」は、「ドライ・ライト」（太陽光線のエネルギーを、ドライアイスみたいにかためたもの・作中より）を売ってお金を儲け、ドラえもんが社長になって、社長室の横に「ドラやき食堂」を作る妄想シーンがあり、「ドラやきのことになると、人がかわったようになる」（のび太のセリフより）ドラえもんを見ることができる楽しいお話です。読み返せばいつでも童心に返ることができる『ドラえもん』。本当にすごいマンガです。

焼き飯

『乙嫁語り』森　薫

19世紀の中央アジアを想像しながら、きょうはラム肉たっぷりのワイルドな「焼き飯」！

Comic Information

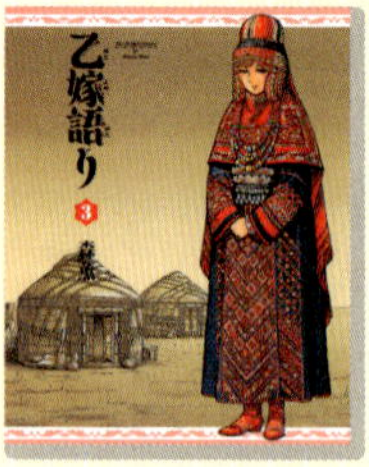

『乙嫁語り』
第3巻（既刊8巻）
森　薫／KADOKAWA

19世紀の中央アジア。そこに暮らす人々の営みがどんなものであったのか。現代の日本に暮らす私たちは想像することができません。でも、この作品を読むと、19世紀、中央アジアの大地とともに生きる人たちの息吹が聞こえてくるかのよう。斬新な舞台設定の歴史マンガにもかかわらず、読者をぐいぐいと引き込む魅力がこの作品にはあります。

ストーリーは美しい20歳の娘・アミルが、若干12歳の少年・カルルクに嫁ぎます。アミルは遊牧民のハルガル家出身で、カルルクは定住民のエイホン家。部族間の争いも起こる中、二人が年の差を越えて愛を育むことができるのかを中心に話は進みます。そして、アミルの他にも「第2の乙嫁」、「第3の乙嫁」…が。それぞれのラブ・ロマンスが、この時代、この場所の文化や風習とともに描かれています。

紹介する料理は第3巻・第16話「市場で買い食い」に登場するものです。アミルたちが立ち寄った市場の屋台料理は、焼きまんじゅう、魚の包み揚げ、五目肉うどん、腸詰めなど、どれも臨場感たっぷり。中でも、大鍋で作る様子も描かれている「焼き飯」は迫力満点です。19世紀・中央アジアの大地を想像しながら、ワイルドに「焼き飯」を再現しましょう。

そっちのでかい肉もくれよ by アリ（案内人）

作中の大鍋には及びませんが、口の広い鍋を使いました。本場ではいろんな作り方があると思いますが、この料理の特徴は生米を煮ること。作中で描かれている「お皿でフタをする」方法にもトライしました。生米を煮ると言えばパエリアですが、それとは違うラム肉の醍醐味やアジアの香りをお楽しみあれ。

焼き飯

『乙嫁語り』森　薫

材料（ひと鍋・約５～６人分）

ラム肉…500g
A［酒…大さじ2、塩…小さじ1］
人参…1本
玉ねぎ…1個
サラダ油…大さじ2
B［クミンパウダー…大さじ1、胡椒…少々、塩…小さじ2］
干しぶどう…50g
干しあんず…50g
米…500g
水…700ml

作り方

1. ラム肉は一口大に切り、Aをもみ込んでおく。米は軽く研いでザルに上げておく。人参はせん切りに、玉ねぎは5mm幅にスライスにする。
2. 中華鍋にサラダ油大さじ1を入れて中火にかけ、ラム肉を入れる。転がしながら全面を焼き、表面に焼き色がついたらいったん皿に取り出しておく。▶ A
3. 再び中華鍋にサラダ油大さじ1を入れて中火にかけ、玉ねぎを炒め、透き通ってきたら人参とBを加えて炒める。
4. 米を加えて少し炒め合わせ、水を加えて平らにならす。▶ B 上に2のラム肉、干しぶどう、干しあんずをのせる。強火にして、沸騰させた状態で時々かき混ぜながら5分ほど煮る。
5. 中火にして、小皿でフタをし、15分ほど炊く。▶ C 15分ほど蒸らしたら全体を混ぜ合わせる。▶ D

Wato's Point

お皿でフタをする場合、
米の炊きあがりに多少ムラができますが、そこはご愛嬌で。
ぴったりしまるフタで作る場合、
水の量は600mlほどに
減らしてください。

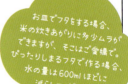

C
お皿でフタをしてグツグツ…

市場の活気が伝わってきます

増渕先生の
偏愛
マンガGuide

『乙嫁語り』の「乙嫁」の意味について、出版社のサイトでは「美しいお嫁さん」と説明されています。確かにこの作品に登場する乙嫁たちは、それぞれに魅力的です。

2008年から『Fellows!』で連載開始。現在『ハルタ』に連載中で、森薫にとってはこの作品が長編第2作目。ヴィクトリア朝時代のイギリスを舞台にしたメイドが主人公のマンガ『エマ』で高い評価を受け、『乙嫁語り』はマンガ大賞2014の大賞を受賞しています。

森薫の作品は、衣裳や装飾の描き込みが特徴ですが、この「焼き飯」が登場する市場も、料理を作る人たち、食べる人たちの活気が伝わってくる素晴らしい絵ですね。読んでいるこちらも食欲が湧きます。

マンガ飯
Recipe
17

つくねタワー

『はいからさんが通る』大和和紀

さぁ、みなさん。
じゃじゃ馬・紅緒の
夢におつきあい。
99本のつくねタワー

© 大和和紀／講談社

時代を超えた名作として知られる少女マンガ『はいからさんが通る』。大正時代の東京を舞台に壮大なスケールで繰り広げられる、波乱万丈の恋物語です。主人公の花村紅緒は、男勝りで好奇心旺盛。礼儀作法を重んじる当時の女性の理想像とはかけ離れたじゃじゃ馬娘です。そんな紅緒の前に父の決めた婚約者として現れたのは、青年少尉・伊集院忍。初めは「親の決めた結婚なんて！」と時代の慣例に背いて反発する紅緒ですが、ありのままの紅緒を受け入れてくれる少尉に次第に心惹かれていき…。ハッピーエンドかと思いきや、少尉のシベリア出兵を始めさまざまな試練や波乱が2人を襲います。

さて、そんな『はいからさんが通る』に登場する紅緒の好物と言えば？熱心なファンならばお分かりでしょうか。「つくね」です。実家のばあやが作るつくねが大好物で、つくねを片手にご満悦な紅緒が作品では何度か描かれています。中でも、単行本5巻で理由あって久々に家に戻ってきた紅緒が99本のつくねを積み上げて作る「つくねタワー」は圧巻。ばあやに窘《たしな》められても、「いいじゃない、これやるの夢だったんだから」とあっけらかんとつくねを口いっぱいに頬張る紅緒…さすがのじゃじゃ馬っぷりです。

Comic Information

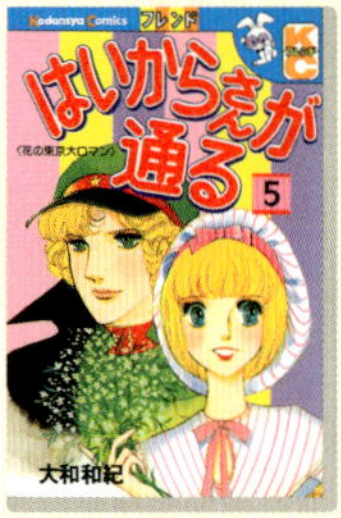

『はいからさんが通る』
第5巻（全8巻）
大和和紀／講談社

九十七本、九十八本、九十九本。
わーできた、東京タワー
by 紅緒

つくねタワー

『はいからさんが通る』大和和紀

つくね９９本…気が遠くなりそうな数ですが、生地をこねて、茹でて、串に刺してと工程は意外とシンプル。日常の食卓には登場しないであろう、「これぞマンガ飯！」という一品なので、人が集まるパーティーや家族でワイワイ作るのにはもってこい。茹でたのち、お好みでフライパンで軽く焼いたり、タレを絡めてもおいしいです。

材料（つくね99本分）

鶏挽き肉…1.4kg
玉ねぎ…２個
卵…５個
片栗粉…140g
パン粉…80g
みりん…大さじ３
砂糖…大さじ３
ごま油…大さじ２と1/2
生姜（すりおろし）…大さじ１
塩…大さじ１

作り方

1. 玉ねぎはなるべく細かいみじん切りにする。材料を全てボウルに入れ、粘りが出るまで手早くこねる。▶A・B
2. １をスプーンですくいながら沸騰したお湯に入れていき、茹でる。▶C
3. 浮いてきてからさらに２分ほど茹でたら、網じゃくしですくう。▶D
4. 冷めたら竹串に３粒ずつ刺し、それをタワー状に積んでいく。▶E・F

Wato's Point

正確につくね串を99本用意したい場合は、茹でる前に肉だねの重量を量りましょう。計算のしやすさを考え100本とすると、重量を300で割った数字がつくね1粒の重さに。竹串はやや長めのものの方がタワー状に積みやすいです。

つくねの東京タワー
by 紅緒

激動の大正時代を舞台にしたラブコメ

増渕先生の
偏愛♥
マンガGuide

大和和紀が『週刊少女フレンド』（講談社）に1975年から1977年にかけて連載した作品です。その後、テレビアニメ、テレビドラマ、そして南野陽子が主演の実写映画にもなっています。大正時代を舞台に、当時の慣習や連載当時のサブカルチャー、ギャグを交えて描かれており、激動の大正時代にさまざまな試練を乗り越えて結ばれる一組の男女とそれをとりまく人々の恋愛模様を描くラブコメ作品です。

作品中には紅緒の好物のつくねごはんなども登場します。実際に大正時代に創業の老舗の焼鳥屋などもありますが、大正時代のつくねは今とは違ったのでしょうか。ぜひ大正時代風のつくねを食してみたいものですね。

エゾノー風　手づくりピザ

『銀の匙 Silver Spoon』荒川　弘

© 荒川弘／小学館

農業高校の
生徒たちが教えてくれる。
「自然の恵み」に感謝
しながら作り、味わう
ピザはおいしい！

札幌の中学校から、大自然に囲まれた農業高校へ。進学校の中学校で思うような結果が出せず、家族とのわだかまりも抱えた八軒勇吾は、夢も目的もなく「大蝦夷《おおえぞ》農業高校」に進学します。入学すると、まわりは将来の目標が定まっているクラスメートばかり。「将来は実家の酪農を継ぐ」、「チーズ工房を開きたい」など、将来の目標を口にする彼らに劣等感を抱くことに。それでも、実習や馬術部で悪戦苦闘する中、八軒は教科書では学べない大事なことを体験していきます。汗と涙、ユーモアたっぷりの青春物語ですが、農業を通して「食」の深い部分も考えさせてくれます。

第2巻に登場するピザも、「自然の恵み」が詰まったもの。捨てられていた石窯からピザづくりは始まり、八軒が中心となって作るのですが、食材のサポートが農業高校ならでは。小麦粉は農業科が栽培し、ベーコンは酪農科が育てて食品科で加工。野菜は農業科で栽培したとれたてで、チーズは先生との巧みな交渉で入手。こうして完成したピザは絶品だったようです。

家庭では石窯は使えないし、とれたての野菜も難しいかもしれません。でも、大切なのは気持ち。「自然の恵み」に感謝しながら作り、味わえば、きっといつものピザとはひと味違ったおいしさなのでは？

Comic Information

『銀の匙 Silver Spoon』
第2巻（既刊13巻）
荒川　弘／小学館

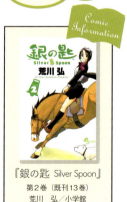

本当に美味いもの食べた時って笑いしか出ないんだな！
by 八軒

「銀の匙」の世界をより身近に感じるために、今回は生地から手作りのピザに挑戦します。トマトソースも、トマトを湯剥きするところから手作りです。具のベーコンやアスパラガス、ゴーダチーズは作中に書かれているものにしました。きっとピザパーティーでは、この手作り感がみんなを笑顔にするはずです。

エゾノー風 手づくりピザ

『銀の匙 Silver Spoon』荒川 弘

材料（作りやすい分量）・作り方

＜生地（約28cm×2枚）＞

強力粉…180g、薄力粉…100g、砂糖…小さじ1、塩…小さじ1/2、ドライイースト…5g、オリーブ油…大さじ1、ぬるま湯…150ml

1 大きめのボウルに強力粉、薄力粉、砂糖、塩、ドライイーストを入れ、軽く混ぜ合わせる（塩とドライイーストは離して入れる）。

2 オリーブ油とぬるま湯を注ぎ、手で手早く混ぜ合わせる。▶A ボウルについた粉もきれいに剥がしながらひとまとまりにしたら、まな板か台の上に取り出す。表面がなめらかになるまでこねる。

3 生地を丸く整えたらボウルに入れ、ラップ（もしくは濡れ布巾）をかける。冷蔵庫に入れて、数時間発酵させる。▶B

4 手の平で優しく押して、ガス抜きをしたら、包丁で生地を半分に切り分ける。▶C それぞれを丸め、ラップ（もしくは濡れ布巾）をかけて常温（25～30度くらいの場所）で15～30分寝かせる。▶D

＜トマトソース（作りやすい分量／ピザ約4枚分）＞

トマト…1kg、にんにく…1かけ、玉ねぎ…1/4個、塩…小さじ2/3～、オレガノ…少々、オリーブ油…大さじ2

1 トマトは湯剝きをしてざく切りに、にんにくと玉ねぎはみじん切りにする。

2 鍋にオリーブ油、にんにく、玉ねぎ、塩を入れ、中火にかけて炒める。玉ねぎが色づいてきたらトマト、オレガノを入れ、焦げないように時々かき混ぜながら煮詰める。▶E

3 煮詰まったら味見をし、塩が足りなければ少々足す（甘めにしたい場合は、砂糖もしくはみりんを少々足す）。

仕上げ

生地…1枚分、トマトソース…80g～、ベーコン…50g、ゴーダチーズ…40g、アスパラガス…2本、トマト…1/2個

1 オーブンを250度に温める（天板も中に入れて一緒に温める）。オーブンペーパーを円形に切っておく。

2 ベーコン、チーズは適当な大きさに切る。アスパラガスは下の方の固い皮をピーラーでむいてから斜めに5等分に切る。トマトは薄いくし切りにする。

3 生地をまな板か台の上にのせ、麺棒で直径28cmくらいの円形に伸ばしたら（くっつく場合は打ち粉をふる）、オーブンペーパーの上に移す。生地の上にトマトソースを塗り、2の具をのせる。▶F

4 オーブンを開けて天板を取り出し（オーブン内の温度が下がらないように手早く）オーブンペーパーごとピザをのせて、15分ほど焼く。

Wato's Point

作品中で生地は「数時間発酵させてあります」とあるので、ここでは低温長時間発酵の方法にしています。急ぐ場合は30度くらいの場所で30分寝かせるだけでもOKです（一次発酵のみ）。薄い生地がお好みの場合は、生地の手順4で3等分にしてもよいでしょう。

寝かせる時間は
30分くらいでもOK

トマトソースも手作りで

作者自身が酪農家生まれ、農業高校卒

増渕先生の
偏愛
マンガGuide

『鋼の錬金術師』のヒットで知られる荒川弘が、２０１１年から『週刊少年サンデー』（小学館）に連載している作品です。

作者自身も北海道の酪農家に生まれ、農業高校を卒業していて、その体験が『銀の匙 Ｓｉｌｖｅｒ Ｓｐｏｏｎ』のベースになっているそうです。２０１３年７月に発行した第８巻の時点で１０００万部を超えるヒット作となり、同年にテレビアニメ化もされました。２０１４年には実写映画化もされています。

一人の高校生の成長を描いた爽やかなマンガですが、その舞台が農業高校ということで、青春マンガ史に新たな風を吹き込んでくれた作品といえるでしょう。

山積みコロッケ♡

マンガ飯
Recipe
19

『GTO』藤沢とおる

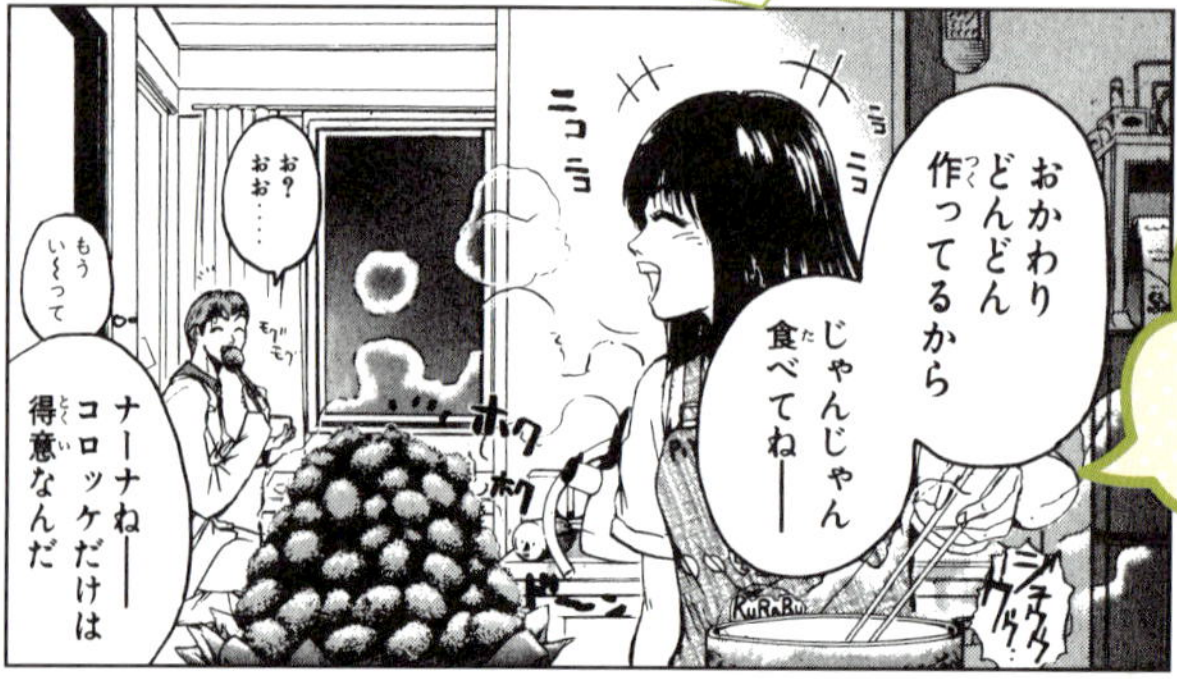

© 藤沢とおる／講談社

型破りな
鬼塚にならって
山積みコロッケに挑戦。
ホクホクの
ポテコロです。

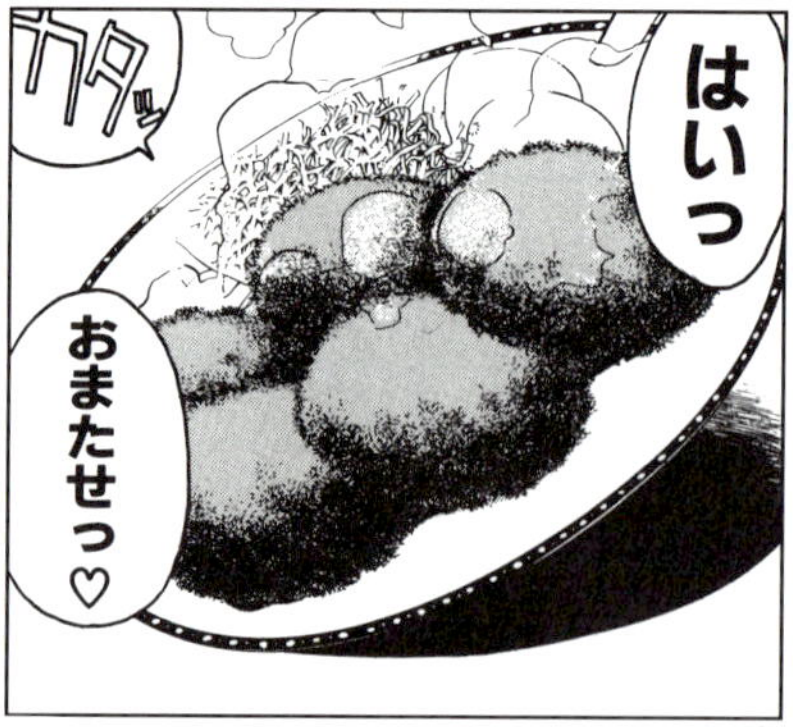

Comic Information

『GTO』
第1巻（全25巻）
藤沢とおる／講談社

グレート・ティーチャー・オニヅカ。テレビドラマを見て、このフレーズを記憶している女子も多いかもしれませんね。『GTO』は元不良の鬼塚英吉が教師となり、学校に巣食う問題を解決していきます。

そんな『GTO』のマンガ飯は、第1巻に登場するコロッケです。第1巻では、鬼塚が「女子にモテるために教師になる」と決意するのですが（笑）、その後、教育実習で不良の生徒たちの悪だくみにはまりそうになります。でも、「もうセンコーはやめだ…」とブチきれたところ、結果的に不良たちを大人しくさせることに。そうした中、悪だくみに一役買った「ナーナ」こと水樹ななこが、なぜか鬼塚を慕ってきます。なんだかんだと面倒を見ているうちに、ナーナが心の奥に抱えている「寂しさ」を知ることに。さて鬼塚は、どうやってナーナの寂しさを解決するのか。

続きは読んでいただくとして、このコロッケはナーナが作ったもの。作中でコロッケが山積みになっていて、これはパーティーに使えます。型破りな鬼塚にならって山積みのコロッケに挑戦です。コロッケの詳細は分かりませんが、「小さい頃　お母さんのまねしてよく作ってたの」とナーナが言っているので、きっと素朴でおいしいホクホクのポテトコロッケでしょう。

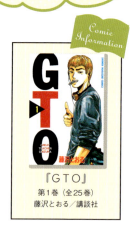

ホク
ホクッ
ドーン

山積みコロッケ♡

『GTO』藤沢とおる

30個分のポテトコロッケのレシピです。かなりの数ですが、何人かで役割分担して楽しく作るのもよいですね。挽き肉や玉ねぎも火を通してからタネにするので、30個分のコロッケを揚げる時、「中まで火が通ったかどうか」を気にせずに済みます。それでいてホクホクのおいしさを味わえるポテトコロッケです。

材料（約30個分）

じゃがいも…1.6kg
豚挽き肉…400g
玉ねぎ…2個
牛乳（常温）…150ml
バター…20g
醤油…100ml
砂糖…50g
塩…小さじ1と1/2
小麦粉…250g～
卵…2個～
パン粉…100g～
サラダ油…適量

作り方

1. じゃがいもは皮付きのままよく洗い、40分ほど蒸す（竹串を刺してみてスッと通るようになるまで）。
2. フライパンにバターを入れて中火にかけ、バターが溶けてきたらみじん切りにした玉ねぎと塩を加えて炒める。▶A
3. 玉ねぎが色づいてきたら豚挽き肉、醤油、砂糖も加えて炒める。▶B
4. 1のじゃがいもが蒸しあがったら、熱いうちに皮をむいてボウルに入れ、木べらなどでつぶす。大体つぶれてきたら3も加えて混ぜながらさらにつぶし、牛乳を少しずつ加えて混ぜ合わせる（牛乳は様子を見ながら加えてタネの固さを調整してください）。▶C
5. 味見をして、足りなければ塩などを加える（分量外）。
6. 5を小判型に整え、小麦粉、溶き卵、パン粉の順に衣をつける。▶D・E
7. 160～170度に熱したサラダ油にそっと入れ、パン粉が色づくまで3～4分揚げる。▶F
8. キッチンペーパーか網を敷いたバットに取り出して余分な油を切る。

Wato's Point

正確に30個用意したい場合は、手順3ですべての具材を合わせた後、全体の重量を量り、30で割った分量をコロッケ1個分としてください。

しっかり味で
おやつにもなるコロッケに

卵はしっかり切ってパン粉づけを

型破りな鬼塚。スカっとしますね

増渕先生の
偏愛
マンガGuide

藤沢とおるの代表作です。前作『湘南純愛組！』で湘南の最強の不良だった鬼塚英吉が教師となり、「偉大（グレート）な教師（ティーチャー）」を目指します。

『週刊少年マガジン』（講談社）で1997年から2002年まで掲載され、2009年から『GTO SHONAN 14DAYS』として復活。2011年まで連載されました。さらに2012年から『GT-R』が連載され、『週刊ヤングマガジン』（同）の2014年20号から『GTO パラダイス・ロスト』が連載開始という形で継続。これだけ人気なのは、理屈では解決できないことを、鬼塚が型破りな方法で解決してくれるからでしょう。スカッとするんですよね。

マンガ飯
Recipe
20

早川家のおでん

『銀のスプーン』小沢真理

（弟・妹思いの）
優しいお兄ちゃんの
愛情たっぷり。
もち巾着もつくねも
手づくりの男前おでん

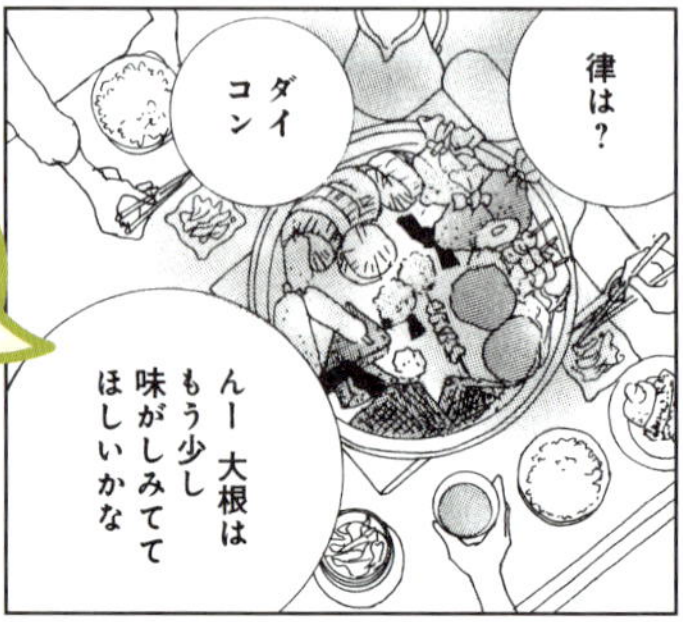

病気で入院中の母親に代わって（父はすでに他界）、幼い弟・妹の面倒をみることになった高校生（1巻当時）の長男・律がこの物語の主人公。優しくてイケメンで料理もできる、完璧すぎる兄と、ちょっとおませでお兄ちゃん大好きな弟妹。そんな早川家とそれを取り囲む人々が奏でる、じんわりと心が温まる物語です。

なりゆきで料理を作らなくてはいけなくなったとはいえ、律の料理センスは天性のものなのでしょう。偏食の弟・調《しらべ》のために作る「炊飯器ケーキ」には、さいの目にカットした野菜とチーズを混ぜ込んで栄養満点に。また〝可愛くなりたい〟という妹・奏《かなで》のために作るのは「コラーゲンたっぷり鶏鍋」と、食卓に並ぶ料理には律から二人へのメッセージが詰まっています。ここで再現する「おでん」（単行本1巻より）も、なんともち巾着もつくねも手作り！牛すじや丸ごとのトマトも入って、まるでおでん屋のクオリティです。トマトが入るのも、二人の栄養を気遣う優しさでしょうか。

スーパーに並ぶお手軽おでんセットについ手が伸びがちだけど、たまにはこんな風にちょっと手をかけておでんパーティーはいかが？

Comic Information

『銀のスプーン』
第1巻（既刊14巻）
小沢真理／講談社

いっただっきまーすっ
by 早川3きょうだい

具材は作品の画を参考に、だしは牛すじと昆布だしの合わせ技で旨みたっぷりに仕上げたおでんです。こだわり派の律ならば、だしも丁寧にとっていそう！？また弟妹と一緒に作るおでんなので、手作りもち巾着には子供の好きな缶詰コーンをしのばせてちょっと遊びごころを加えてみました。

早川家のおでん

『銀のスプーン』小沢真理

材料（4人分）・作り方

【牛すじ串（4本分）】

牛すじ…200g、酒…100ml

❶鍋に牛すじとひたひたの水を入れて強火にかけ、沸騰したら茹でこぼす。冷水でアクなどを洗い流す。

❷ふたたび鍋に牛すじと水800ml（分量外）、酒を加えて強火にかける。沸騰したら弱火にし、アクをとりながら30分ほど煮る。水分が減り過ぎたらその都度お湯を足す。

❸牛すじを取り出し、あら熱がとれたら小さく切って4等分にし、それぞれ串に刺す。煮汁はだしに使うのでとっておく。

【つくね（8個分）】

鶏むね肉…250g、長ねぎ…10cm、おろし生姜…小さじ1/2、酒…大さじ1、醤油…小さじ1、塩…少々、片栗粉…大さじ1/2、サラダ油…適量

❶長ねぎはみじん切りにする。鶏むね肉は包丁で叩き、粗めの挽き肉にする。

❷材料をすべてボウルに入れてよくこねる。

❸8等分にして丸め、サラダ油を薄く塗ったフライパンに並べる。中火にかけてフタをして両面3～4分ずつ焼く。▶ A

【もち巾着（4個分）】

油揚げ…2枚、切り餅…1個、缶詰コーン…山盛り大さじ1、かんぴょう…適量

❶油揚げを半分に切り、袋状にする。

❷1cm角に切った餅とコーンを詰め、水で洗い戻したかんぴょうで口を結ぶ。▶ B・C

【こんにゃく】

黒こんにゃく…1枚

❶三角に4等分に切り、表面に格子状に切り目を入れる。

❷沸騰した湯で1分ほど茹でてアク抜きをする。

【丸ごとトマト】

トマト…4個

❶ヘタをくりぬき、おしりのほうには包丁で十字に浅く切り込みをいれる。▶ D

❷沸騰したお湯に入れて、皮がめくれてきたら網じゃくしですくいあげ、氷水にいれる。▶ E

❸手で皮をむく。▶ F

【大根】

大根…半月切り4切れ（1.5cm幅）、米…小さじ1

❶面取りをする。

❷小鍋に入れ、ひたひたの水と米を加え、中火で20分ほど下茹でする。

【その他の具材】

ちくわぶ…1本（4等分に切る）、ごぼう巻き…4本、ちくわ…小4本

【だし汁】

かつおと昆布のだし汁・牛すじの煮汁…合わせて1.6ℓ～、醤油、酒、みりん…各大さじ2、塩…少々

仕上げ

❶上記の材料（トマト以外）を土鍋に入れて最低1時間半ほど煮込む。一度冷まして味を染み込ませる。

❷食べる時にトマトを加えて温める。

Wato's Point

もち巾着の具材は、
うずらの卵やツナ缶＆
お餅を入れてもよいですね。
お好みで楽しんで。

トマトをまるごと入れるっていうのいいね！ by 奏

「グルメマンガ」の新しいかたち

増渕先生の偏愛♥マンガGuide

『Kiss』（講談社）に2010年から連載中の小沢真理の作品です。2015年には『明日もきっと、おいしいご飯～銀のスプーン～』というタイトルでドラマ化もされました。この作品は毎回、食卓に並ぶ料理に関連したエピソードなどが描かれており、巻末にレシピも掲載されているので、新しいかたちのグルメマンガと呼んでも過言ではないでしょう。

ここで取り上げているのは、単行本1巻で律が友人の優（すぐる）、弟、妹と一緒に食べる「おでん」。巻末のレシピでは〆の「おでん茶漬け」が紹介されており、ご飯に刻みネギ、柚子胡椒かワサビをのせておでんの出汁をかけます。これも通好みでおいしそうですね。

もっと
マンガ飯
3

あの名作も食べちゃいます。

『MASTERキートン完全版』
（浦沢直樹　脚本／勝鹿北星・長崎尚志）の

豚の唐揚げ

学校の世界史は退屈だったのに（私的ですみません）、『MASTERキートン』で知る世界史や世界情勢は、なぜ、こんなにも興味深いのか？この名作が人間ドラマを通して世界のことを教えてくれるからでしょう。紹介する「豚の唐揚げ」も本当にドラマチック。ロンドンの中華街の店で提供されますが、背景には壮大な歴史ドラマが。そして、〝ネタバレ〟の隠し味がおいしさの秘訣です。

Comic Information

『MASTER キートン
完全版』
第8巻（全12巻）
浦沢直樹
脚本／勝鹿北星・長崎尚志

主人公の平賀＝キートン・太一がひいきにしているロンドンの中華街の店で、この「豚の唐揚げ」が登場します。「ここのはどれもうまいがこれは格別だ」という太一の言葉からも、絶品の唐揚げのようです。

増淵先生の
偏愛♥
マンガGuide

歴史ドラマも、人間ドラマも味わい深い

この作品は『ビッグコミックオリジナル』（小学館）に1988年から1994年に連載されました。

保険調査員である平賀＝キートン・太一は、オックスフォード大学を卒業した考古学者で、元イギリス陸軍の特殊部隊SASのサバイバル教官でもあります。父は動物学者、母はイギリスの名家の子女。太一は大学時代に日本人女性と学生結婚し、一女をもうけますが、離婚しています。

太一はいろんなことに対して知識が深く、また、人間としての深みもありますが、それはこうした特異な経歴によるものなのでしょう。本人は考古学の研究に専念したいと思っていますが、結局、保険調査員を続け、ヨーロッパ各国を始めとしたさまざまな地で、いろんな出来事に出会います。

紹介した「豚の唐揚げ」の話は、ロンドンの中華街が舞台ですね。この「豚の唐揚げ」の隠し味が、孫文が登場する歴史ドラマとつながっているのが読みどころですが、同時に、中国料理を修業するイギリス人青年と師匠（店の店主）のドラマとしても読みごたえがあります。『MASTERキートン』、本当に味わい深い作品です。

ネタバレの隠し味が
おいしさの秘訣。
ちょっと大人の
唐揚げです

A

B

C

<材料（2～3人分）>
豚ロース肉スライス…300g
A [スコッチウイスキー…大さじ1、卵…1/2個、醤油…小さじ2、おろしにんにく・おろし生姜…各小さじ1/5、塩…少々、胡椒…少々]
片栗粉…大さじ5
サラダ油…適量
パセリ・塩・胡椒…各適量

<作り方>
1 豚肉は食べやすい大きさに切り、Aを混ぜ合わせてもみ込み、1時間ほど置いておく（夏場は冷蔵庫で）。▶A・B
2 片栗粉を加えてまぶしたら、180度に熱したサラダ油にほぐしながら入れ、3分ほど揚げる。▶C
3 キッチンペーパーか網を敷いたバットに取り出して余分な油を切る。
4 皿に盛り、パセリをのせる。塩、胡椒を添え、お好みでつけて食べる。

Wato's Point

話の“ネタバレ”になってしまう隠し味は「ウイスキー」です。ウイスキーならではの香りが、新感覚のおいしさです。ウイスキーの量は、お好みで調整してください。

もっと
マンガ飯
3

あの名作も食べちゃいます。

『ゴルゴ13』（さいとう・たかを）の
18オンスのレアステーキ

舞台はオランダ。スナイパーの仕事を果たす前に、ゴルゴ13がレストランに立ち寄ってステーキを食べます。注文は「18オンスのステーキ」、「焼き加減はレア」。このステーキを再現するのですが、18オンスは約500g。かなりのボリュームですが、それもマンガ飯の楽しいところ。500gの塊で焼くレアステーキは、とってもジューシー。肉食女子たちは間違いなくハートを打ち抜かれます。

© さいとう・たかを／リイド社

電話を掛けながらステーキを食べるゴルゴ13。ステーキを食べるシーンは単なる食事シーンではなく、「そうだ潜水服だ…」というセリフが、その後のストーリーにおいて重要な意味を持つことに。ゴルゴ13が超一流のスナイパーであることを知らしめる伏線になっています。

Comic Information

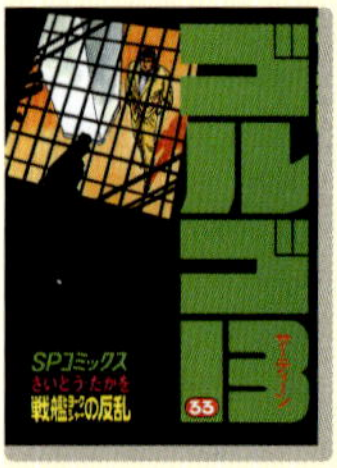

『ゴルゴ13』
第33巻（既刊181巻）
さいとう・たかを／リイド社

増淵先生の
偏愛♥
マンガGuide

連載50年が間近。すごすぎるゴルゴ13

ゴルゴ13の名言に「10%の才能と20%の努力…30%の臆病さ…残る40%は……〝運〟だろうな…」というものがあります。これは現代を生きるビジネスマンにも当てはまるのでは?『ゴルゴ13』は超一流スナイパー、ゴルゴ13ことデューク東郷の活躍を描いたさいとう・たかをの名作です。彼は世界中を股にかけ、たった一人で依頼者からのターゲットを仕留めます。だから「30%の臆病さ」が重要なのでしょうね。彼は自分の背後に人が立つことも嫌います。さすがにプロフェッショナルです。

1968年に『ビッグコミック』（小学館）にて連載が開始し、2016年7月までに181巻の単行本が刊行されており、50年近い連載になっています。作品の内容の濃さもそうですが、この長さに渡る連載においても本当にすごすぎるマンガですね。

さてゴルゴ13がステーキを食べるシーンは、1977年の作品「戦艦ヨークシャーの反乱」（第33巻）に登場します。NATOの戦艦ヨークシャーで反乱が勃発し、NATO軍総司令部は、ゴルゴ13に反乱の首謀者の殺害を依頼します。ゴルゴ13は、海上の戦艦に意外な方法で近づき、見事に仕留めますが、彼はその前にレストランに立ち寄り、ステーキを食べるのです。

肉食女子のハートを打ち抜く。ジューシーレアの500gステーキ

<材料（ゴルゴ１人分）>

牛肉肩ロース…500g
塩…小さじ１
胡椒…少々
牛脂…30g
にんにく…１かけ
赤ワイン…50ml
クレソン・バター…各適量

<作り方>

1 牛肉は常温にしておく。表面に水分が付いていたらキッチンペーパーで拭き取る。

2 フライパンに牛脂を入れて中火にかける。脂が溶けて十分に出てきたらいったん火を止める。脂がやや冷めたらにんにくのスライスを入れ、弱火にかけてじっくり火を通す。にんにくが色づいたら皿に取り出しておく。

3 牛肉に塩、胡椒をまぶす。２のフライパンを中火にかけ、牛肉を入れる。６面それぞれを２分ほど焼いたら、（余分な脂はキッチンペーパーでとりながら）赤ワインを入れ、フランベする。
▶A・B

4 フタをして、さらに３～４分ほど焼く。

5 牛肉を取り出してアルミホイルに包み、冷めないように温かいところ（焼くのに使ったフライパンの上など）で２分ほど休ませる（この間に鉄板皿を焼いておく）。
▶C

6 牛肉を鉄板皿にのせ、クレソン、バター、２のにんにくを添える。

Wato's Point

ジューシーに仕上げるポイントは、焼いた後、肉を休ませること。焼いた後、すぐに肉をカットすると肉汁が出てしまうので、ご注意を。

あの名作も食べちゃいます。

もっとマンガ飯 3

『1ポンドの福音』(高橋留美子)の
お好み焼き(ブタ玉)

主人公の畑中耕作は減量が苦手なボクサー。このシーンではお好み焼きを頬張っています。「ブタ玉追加」のセリフもあって、どうやらお替わりの注文も。減量中なので、さぞおいしかったのでしょう(笑)。さて、このお好み焼きですが、麺らしきものが見えるので、いわゆる「モダン焼き」では?モダン焼きは家庭で作る機会があまりないと思うので、一度、トライしてみてはいかが。

このシーンは、ボクサーを目指しているちょっと生意気な中三の少年とお好み焼き店に。食べることに夢中になりながらも、相手のパンチをひょいとかわす耕作。減量は苦手だけど、ボクサーとしての実力はあるのです。

減量中にたまらず…。食欲そそるモダン焼き

Comic Information

『1ポンドの福音』
第3巻(全4巻)
高橋留美子/小学館

<材料(2枚分)>

焼そばの麺…1玉、酒…大さじ2、サラダ油…大さじ1、キャベツ…80g、豚バラ肉…50g、揚げ玉…大さじ2、桜えび…大さじ1、A[長いもすりおろし…80g、卵…1個、薄力粉…40g、かつお節粉…小さじ1/2、醤油…小さじ1/2、塩…少々]、トッピング[お好み焼きソース・マヨネーズ・青のり・かつお節・紅生姜]…各適宜

<作り方>

1 Aの材料をボウルに入れて泡立て器で混ぜ合わせる。
2 キャベツは5mm幅のせん切りに、豚バラ肉は1cm幅の短冊切りにし、1に加える。揚げ玉、桜えびも加え、軽く混ぜ合わせる。
3 フライパンにサラダ油大さじ1/2を入れて中火にかけ、焼そばの麺と酒を入れる。やさしくほぐしながら軽く炒め、いったん皿に取り出しておく。
4 再びフライパンにサラダ油大さじ1/2を入れて中火にかけ、2の生地の1/2量を流し入れる。円形に伸ばし、上に3の焼そばの麺1/2量をのせる。フタをして3分ほど、裏返して3分ほど焼く。残りの生地と麺も同様に焼く。
5 皿に移し、お好みのトッピングをのせる。

Wato's Point
フライパン2つか、ホットプレートがあれば2枚同時に焼いてもいいでしょう。

増渕先生の偏愛♥マンガGuide

ひと味違うラブコメディー

『めぞん一刻』や『うる星やつら』などの人気作品で有名な高橋留美子。彼女は少年マンガにおいての女性マンガ家の草分け的存在で、独自の世界観が「るーみっくわーるど」と称されています。最近では『境界のRINNE』がアニメシリーズ化されて注目されています。

『1ポンドの福音』は、ボクサーの畑中耕作と、敬虔なシスターの恋を描いた作品。耕作はボクサーなのに減量が苦手な憎めないキャラで、シスターも真面目なんだけどお茶目なところがあります。この二人のラブコメディーは、やはり他にはない面白さを感じる高橋留美子ワールドなのです。

Chapter
5

お手軽から本格派まで。
きょうのおやつは、マンガスイーツ

マンガに出てくるスイーツは、そのおいしそうな描写が妙に心をくすぐるもの。おやつに、差し入れに、そしてクリスマスやバレンタインにも。可愛くて、おいしいマンガスイーツです。

マンガ飯
Recipe
21

ロクちゃんドーナツ

『潔《きよ》く柔《やわ》く』いくえみ綾

思い出たっぷり、
チョコたっぷり。
甘くせつない
ドーナツだけど…
犬（ロクちゃん）、可愛い！

© いくえみ綾／集英社

恋愛模様を描きながらも、さらに深いところで読む人の心を揺さぶる『潔く柔く』。1話ごとに主人公が変わるオムニバス形式で、さまざまな〝主人公〟の視点でストーリーが展開していきます。

その相関図の中心にいるのが、カンナと禄《ろく》という二人の男女。カンナは高校生の時に死んだ幼なじみ・ハルタのことを、禄は小学生の時に一緒に事故に遭い死んでしまった同級生の女の子・希実のことを、互いにワケあって引きずり、前に進めずにいる。そんな二人やハルタ、希実とどこかでつながりのある個性豊かな主人公たちが、人生のひとコマを共有しながら物語を紡ぎ、偶然のような必然でカンナと禄を引き合わせていきます。

このドーナツが登場するのは、禄が亡くなった希実の姉・愛実と会う場面。禄が希実の大好きだった愛犬・ロクをモチーフに、お菓子づくりが得意なおばあちゃんに「チョコとか砂糖がいっぱいついた激甘の」とリクエストして作ってもらったものです。じつは小学校でドーナツを食べるシーンには希実（幽霊だけどカワイイ）の姿も。可愛らしいドーナツとともに、禄が前に進むきっかけとして印象的な場面です。

Comic Information

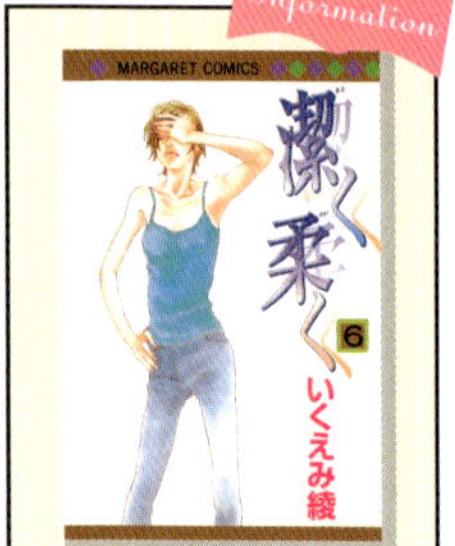

『潔《きよ》く柔《やわ》く』
第6巻（全13巻）
いくえみ綾／集英社

食べたいって言ってたから、柿之内（希実ちゃん）
by 緑

ロクちゃんドーナツ

『潔《きよ》く柔《やわ》く』いくえみ綾

禄がおばあちゃんにリクエストして作ってもらったのは、死んでしまった柿之内家の愛犬・ロクを模ったドーナツ。おばあちゃんの作る素朴なドーナツということで、生地はオールドファッション仕立てです。甘いものが苦手な禄が「チョコとかハデな砂糖のついた激甘のアレ！」と言うように、チョコで可愛らしくデコレーションを。

材料（作りやすい分量）

薄力粉…200g
ベーキングパウダー…4g
砂糖…70g
塩…ひとつまみ
無塩バター…30g
卵…1個
バニラエッセンス…5滴
サラダ油…適量
チョコレート（板チョコでも可）・チョコスプレー・チョコペン…各適量

作り方

1. バターをボウルに入れて常温にしておく。薄力粉とベーキングパウダーは合わせてふるう。
2. バターの入ったボウルに塩、砂糖、卵、バニラエッセンスを加え、泡立て器でよく混ぜ合わせる。▶A 粉類も加え、ゴムベラで切るように手早く混ぜ合わせる。▶B
3. 粉っぽさがなくなったら手でひとまとめにし、打ち粉（分量外）をした台の上に取り出す。▶C
4. 生地にラップをかけ、麺棒で8mm～1cmの厚さに伸ばしたら、ペティナイフで犬の形を一つ切り抜き、残りはドーナッツ型で抜く（くっつくようなら型にも打ち粉をする）。▶D
5. 残った生地はもう一度手でまとめて伸ばし、好きな形にする。
6. 鍋に油を入れて火をつけ、160～170度まで温める。生地をそっと入れ、途中1～2回裏返しながら、色づくまで揚げる。キッチンペーパーや網の上に取り出し、油を切る。
7. デコレーション用チョコレートの準備（テンパリング）をする。チョコレートは細かく刻んでボウルに入れ、50度くらいの湯煎にかける。完全に溶ける頃に40～45度になるよう、湯煎から外すなどして調節する。別のボウルに水を入れてチョコレートのボウルの底を当て、26度くらいまで冷やす。再び湯煎にかけ、30度まで上げる。いずれの作業も、ムラができないようにゴムベラでゆっくりかき混ぜながら行う。
8. 7のチョコレートが固まらないうちにドーナツにつけ、チョコペンやチョコスプレーでお好みのデコレーションをする。▶E・F

Wato's Point

チョコスプレーはチョコレートが固まらないうちに、チョコペンはチョコレートが固まってから重ねるときれいに仕上がります。

D
いろんな形で楽しんで

猫ー（愛実）
犬！（禄）

挑み続け、第一線で30年以上

増淵先生の
偏愛
マンガGuide

少女マンガの世界を第一線で30年以上も書き続けているいくえみ綾の作品です。『Cookie』（集英社）にて2004年3月号から2010年3月号まで連載され、単行本は全13巻。2009年には講談社漫画賞少女部門を受賞、2013年には実写映画化もされています。

この作品は一種の群像劇的な手法を取っており、しかも各エピソードに関連性がある点が特徴になっています。彼女の代表作のひとつである『バラ色の明日』に近い手法と言えましょう。常に実験的な試みを行っていくスタンスこそ、彼女が第一線にあり続けている理由なのだと思います。

近年では少女マンガに留まらない作品も執筆しており、今後も目が離せません。

ハート♥型のケークサレ

『俺物語!!』作画:アルコ、原作:河原和音

爆笑ラブコメの
名場面に登場。
「私の気持ちに気づいて」。
そんな恋心がギュッと
詰まった♥型です

Comic Information

『俺物語!!』
第1巻(既刊12巻)
アルコ・河原和音/集英社

ラブコメディ『俺物語!!』は、高校生のカップル、猛男と凛子(猛男が名字で呼ぶので以下「大和」)がとっても微笑ましい。猛男は、その名がぴったりの太眉・角刈りの体育系。見た目はゴリラ系ですが、根はとっても優しく真っ直ぐな好青年です。一方の大和は、おっとりした感じの可愛い女子高生。ケーキやお菓子づくりが得意な女の子です。

そして、もう一人、大事な登場人物がいます。猛男の親友・砂川くんです。こちらは猛男と対照的にクールなイケメン。女子に大モテです。タイプが正反対の猛男と砂川くん。この二人が幼馴染じみの大親友という設定が面白い。本の謳い文句にあるように、「笑って泣けて、胸キュンも満載の、爆笑純情コメディー」です。

第1巻でふたりの恋が始まる時も、鈍感な猛男は最初、大和は砂川くんを好きだと勘違い。しかし、大和の本命は、なんと猛男。3人で会っている時の猛男の勘違いぶりが大いに笑えます。そしてついに猛男と大和が二人だけで会うことに。その時、大和が作って持っていったのが、このケークサレ。「私の気持ちに気づいて」。そんな恋心がギュッと詰まった♥型のケークサレなのです。

いつもケーキばっかりだとなにかなーと思って…
by 大和

ケークサレは“甘くないケーキ”。大和も「甘いと思って食べないでね　しょっぱいから！」と猛男に伝えます。具はベーコンの他に赤パプリカなども使って彩りよくしました。ワインのお共にもよいですよ。「いまさら旦那に♥型はないよね」というあなたも、「マンガ飯なの」って言えば無理なく照れ隠しできるかも？

俺物語!!

『俺物語!!』作画：アルコ、原作：河原和音

材料（ミニハート型 約24個分）

ベーコン…30g
玉ねぎ…1/4個
ピーマン…1個
赤パプリカ…15g
オリーブ油…小さじ1
塩…少々
胡椒…少々
A [卵…1個、牛乳…50ml、オリーブ油…20g、粉チーズ…20g]
薄力粉…50g
ベーキングパウダー…小さじ1/2

作り方

1. 玉ねぎ、ピーマン、赤パプリカ、ベーコンはみじん切りにする。
2. フライパンにオリーブ油、玉ねぎ、塩、胡椒を入れ、中火にかけて炒める。玉ねぎが透き通ったら、ピーマン、パプリカ、ベーコンも加えて炒める。▶📷A 火を止めて、冷ましておく。
3. ボウルにAと2を入れて混ぜ合わせる。
4. 薄力粉とベーキングパウダーを合わせてふるいながらボウルに加え、混ぜ合わせる。▶📷B・C・D
5. 型に4を流し入れ、180度に温めておいたオーブンで20～30分焼く。▶📷E
6. 竹串を刺してみて、濡れた生地がついてこなければ焼き上がり。▶📷F

Wato's Point

生地を混ぜるときは、ゴムベラで練らないように手早く、さっくりと合わせましょう。

「読み切り」から大人気連載へ

『俺物語!!』は実写映画も好評でした。作品は2011年に『別冊マーガレットsister』(集英社)に読み切りとして掲載されて好評を博し、続編が『別冊マーガレット』(同)に掲載、以後連載化されました。

猛男と大和。二人の恋は、痴漢にあった大和を猛男が助けるところから始まります。そして第1巻から、大和の作るケーキやお菓子が続々と登場。猛男が「うまいぞ」と言ってバクバク食べるのですが、本当にどれもおいしそうです。ちなみに大和は、お菓子を作る際は苦労してかたまっていく感じが好きという理由から、ハンドミキサーは使わないというポリシーを持っています。可愛らしさの中にも芯の強さを感じますね。

ブッシュ・ド・ノエル ショートケーキ風

マンガ飯
Recipe
23

『西洋骨董洋菓子店』よしながふみ

イケメン揃いの
ワケあり洋菓子店の
麗しきケーキたち。
クリスマスケーキも
ひと味違います

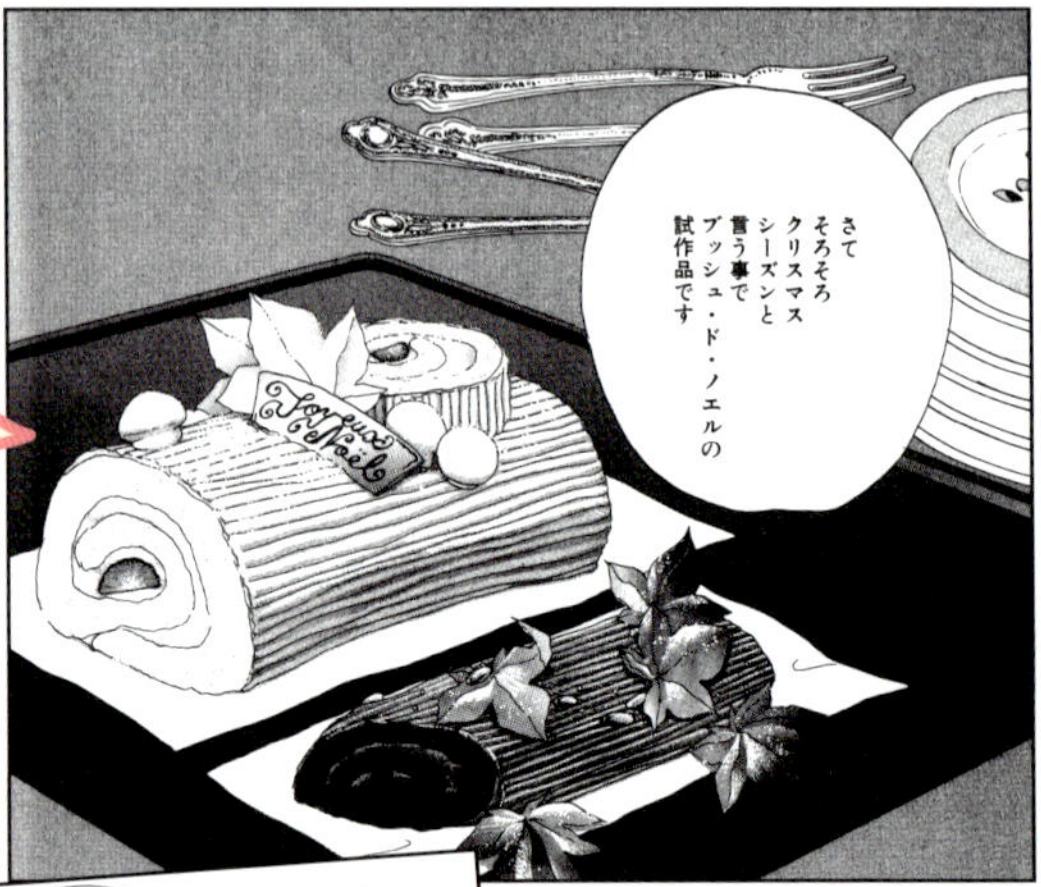

Comic Information

『西洋骨董洋菓子店』
第2巻（全4巻）
よしながふみ／新書館

店員はイケメン揃い、ケーキの味は超一流、住宅街で深夜まで営業。そんなちょっと不思議な洋菓子店『アンティーク』を舞台に繰り広げられる物語です。元エリートサラリーマンのオーナー・橘が開いた『アンティーク』に、天才パティシエとして召喚されたのは、奇遇にも橘に告白して振られた過去をもつ高校の同級生・小野。腕は一流ながら〝魔性のホモ〟ゆえに男性問題に難アリという人物です。そして、そんな小野のケーキに惚れ込み、パティシエ見習いとして働き始めるのが元ボクサーで無類の甘党・エイジ。無精ひげでワイルド系の橘に、短髪メガネの小野、爽やかやんちゃ系のエイジと三種三様のイケメンが勢ぞろい。それぞれに過去を抱えた〝ワケあり〟の洋菓子店に、ワケありのお客が訪れてストーリーが展開していきます。

そして作品にはもちろん、おいしそうな洋菓子がたくさん。丁寧に描かれた美しいケーキの画と、その味わいを想像させる絶妙なセリフがケーキ欲を駆りたてます。そんなケーキの中から、ここではクリスマス用に小野が用意したショートケーキ風の「ブッシュ・ド・ノエル」に挑戦！小野がエイジを特訓する場面で、作り方のコツも解説されています。

日本人に一番馴染みのあるショートケーキが
あった方がいいと思って by 小野

登場するクリスマスケーキは、栗のバタークリームを使った2人分サイズと、このショートケーキ仕立て（4～5人分）の2種のブッシュ・ド・ノエル。「ショートケーキをロール状に巻いただけ」というシンプルさゆえ、生地やクリームの出来がおいしさの肝に。作中の作り方のコツも参考に、天才パティシエ気分で再現してみましょう。

ブッシュ・ド・ノエル ショートケーキ風

『西洋骨董洋菓子店』よしながふみ

材料（1台分／生地20cm×30cm程度）

薄力粉…45g、卵…3個、グラニュー糖…50g、サラダ油…大さじ2、牛乳…大さじ2
A [生クリーム…300g、グラニュー糖…30g、キルシュ…小さじ1/2]
いちご…10粒ほど、マシュマロ…3個、葉っぱ型のウェハース…3枚、チョコプレート…1枚

作り方

（下準備）
・いちごはヘタを取り、縦半分に切って冷蔵庫に入れておく。　・薄力粉はふるう。
・卵は卵黄と卵白に分ける。　・型にオーブンシートを敷く。　・オーブンを170度に温めはじめる。

1 卵白にグラニュー糖1/2量を入れ、泡立て器でしっかりとツノが立つまで泡立てる。ラップをかけて冷蔵庫に入れておく。
2 卵黄に残りのグラニュー糖1/2量を入れ、泡立て器で白っぽくなるまで混ぜる。サラダ油と牛乳を順に少しずつ入れて、その都度よく混ぜる。薄力粉1/2量を加え、泡立て器で軽く混ぜてなじませたら、残りの薄力粉も加え、ゴムベラで練らないように混ぜ合わせる。
3 2に1のメレンゲを3回くらいに分けて加え、その都度ゴムベラで底の方から混ぜ合わせる。しっかり混ざってツヤが出てきたら、型に流し入れる。▶A
4 型の底を5回ほど叩いて空気を抜く。オーブンに入れて13分ほど焼く。竹串を刺してみて、濡れた生地がついてこなければOK。
5 焼きあがったら型ごと布巾の上に3回ほど落とし、蒸気を抜く（焼き縮み防止）。型から外してケーキクーラー（網）の上に置き、乾燥しないようにラップをかけて冷ます。
6 ボウルにAを入れ、氷水に当てながら、泡立て器でしっかりとツノが立つまで泡立てる。
7 5の生地が冷めたらラップをはがす（焼き色がついた生地も一緒にはがれます）。▶B
8 オーブンシートもはがし、再びきれいなオーブンシートの上に置く。包丁で2cm置きに浅い切り込みを入れたら（巻きやすくするため）、6のクリームの2/3量をのせてパレットナイフで伸ばす（手前が厚くなるように）。▶C
9 いちごを並べたら、手前から巻き寿司の要領でしっかりと巻いていく。▶D・E
10 オーブンシートごとラップで包んで、巻き終わりの方を下にして、冷蔵庫で1時間ほど落ち着かせる。残ったクリームも冷蔵庫に入れておく。
11 表面に残しておいたクリームを塗り、フォークなどで模様をつける。▶F
12 端を3cmほど切り、上にのせ、隙間をクリームで埋める。マシュマロ、葉っぱ型のウエハース、チョコプレートなどでデコレーションする。

Wato's Point

生クリームはきっちり冷やしておき、ツノが立つまでしっかり泡立てるのが形よく仕上げるコツ。クリームがだれないよう、デコレーションも涼しい部屋で手早く行いましょう。

クリームは手前を厚めに

手早く、ていねいに

うーまーそ～～
by 甘党イケメン

丁寧な料理描写にも定評あり

増淵先生の 偏愛♥マンガGuide

『西洋骨董洋菓子店』をはじめ『フラワー・オブ・ライフ』、『大奥』など数々のヒット作品で知られるよしながふみは、現在のコミックシーンには欠かせない作家のひとりといえましょう。『西洋骨董洋菓子店』は1999年から2002年にかけて『月刊ウイングス』（新書館）に連載され、単行本は全4巻。英訳もされています。2002年には、講談社漫画賞少女部門を受賞。その後は『大奥』で、文化庁メディア芸術祭マンガ部門優秀賞、手塚治虫文化賞大賞も受賞しています。

ストーリー中に〝グルメ〟要素を加えた作品も多く、その丁寧かつ食欲をそそる独特の料理描写にも定評があります。最新作の『きのう何食べた？』も、同棲ゲイカップルの「食生活」をめぐる物語です。

バレンタイン用ガトーショコラ

マンガ飯
Recipe
24

『君に届け』椎名軽穂

本命と義理用の
違いが一目瞭然。
（女子の本音ですね…笑）
あの人に「今年こそ…」
の想いは届く？

© 椎名軽穂／集英社

Comic Information

『君に届け』
第20巻（既刊26巻）
椎名軽穂／集英社

少女マンガのヒロインと言えば、明るく女の子らしく、ちょっと天然…そんな愛されキャラを連想しがちですが、『君に届け』第1巻に登場するヒロイン・爽子《さわ》子はその真逆とも言える女の子。ロングの黒髪に真っ白な肌、爽子という名前もあって子供の頃から、「貞子」のあだ名で同級生たちに不気味がられてきた不遇のヒロインなのです。「貞子」のイメージのせいで、高校生になっても周りからは距離を置かれる日々。そんな爽子がクラスの人気者・風早くんと関わることで少しずつ変わっていき…。「自分なんて…」とネガティブ思考になりそうな状況でも、勇気をだして一歩ずつ前に進んでいく爽子に、思わず共感してしまう女子も多いのでは？もちろん、風早くんのカッコよさは言わずもがなです。

さて、ここで再現するのは爽子がバレンタインに風早くんのために作るカップ入りのガトーショコラです。お菓子づくりの得意な爽子が二人の親友（第20巻までの道のりで爽子にもできたのです！…涙）と一緒に作るのですが、本命と義理用の違いは一目瞭然（笑）。それぞれの想いが入り混じった、バレンタインの行方はいかに⁉

今年は…渡せる!! by 爽子《さわ》

バレンタイン用 ガトーショコラ

『君に届け』椎名軽穂

ガトーショコラは、手作りバレンタインの定番。好みの型に流し込んで焼けるので、こんな風に本命用（ハート型&可愛くデコレーション）、義理用（紙カップ）と作り分けられるのも便利です。作中では明記されていませんが、画よりガトーショコラと推測。本命用は、アイシングとクッキーで飾ってみました。

材料・作り方

＜ガトーショコラ（カップ約10個分）＞

チョコレート…80g、無塩バター…50g、卵黄…2個分、グラニュー糖…30g、薄力粉…40g、ココアパウダー…15g、A [卵白…2個分、グラニュー糖…20g]

（下準備）

・卵とバターは冷蔵庫から出して室温にもどす。
・薄力粉とココアパウダーを合わせてふるう。
・オーブンを160度に温める。

1 ボウルに砕いたチョコレートと1cm角に切ったバターを入れて、55度前後の湯煎にかけ、時々ゴムベラでかき混ぜてゆっくり溶かす。▶A

2 別のボウルに卵黄とグラニュー糖30gを入れて、泡立て器で白っぽくなるまですり混ぜる。

3 別のボウルにAの卵白とグラニュー糖の1/3量を入れて、ハンドミキサーで全体が泡立つまで泡立てる。残りのグラニュー糖を2回に分けて加え、ツノが立つまで泡立てる。最後にミキサーを低速にしてキメを整える。

4 1を湯煎から外し、2を少しずつ加えて混ぜる。▶B

5 4に3のメレンゲ1/3量を加えて泡立て器でしっかり混ぜ合わせたら、残りのメレンゲ1/2量、粉類1/2量を順に加え、その都度ゴムベラで混ぜる。▶C・D 残りのメレンゲと粉類も同様に加えて混ぜる。（泡を消さないようにやさしく、でも手早く）

6 生地を型に移したら、160度に温めておいたオーブンで25分焼く。▶E 竹串を刺してみて、濡れた生地がついてこなければ焼き上がり。冷めたら、乾燥しないように容器などに移して保存する。

＜本命用の飾りのクッキー（作りやすい分量）＞

薄力粉…60g、無塩バター…30g、砂糖…30g、塩…少々

（下準備）

・バターは冷蔵庫から出して室温にもどす。
・薄力粉はふるう。
・オーブンを170度に温める。

1 ボウルにバターと砂糖を入れ、白っぽくなるまで泡立て器で混ぜる。

2 1に薄力粉を加え、粉っぽさがなくなるまでゴムベラで切るように混ぜる。

3 手でひとまとまりにしたら、薄力粉（分量外）を少々ふった台の上に取り出して麺棒で5mmほどの厚さに伸ばし、ハート型で抜く。

4 オーブンシートの上に並べて、170度で15分ほど焼く。

仕上げ（本命用）

ガトーショコラ、飾りのクッキー、A [粉糖…30g、レモン汁…小さじ1]

1 Aを混ぜてアイシングを作る（様子を見て硬さを調節してください）。

2 小さなスプーンなどでアイシングをすくい、ガトーショコラの上にハート型にのせる。乾く前にクッキーをのせる。▶F

Wato's Point

チョコレートは製菓用のものがベターですが、板チョコでも十分おいしく作れます。仕上げのアイシングはガトーショコラが冷めてから飾って。

略称「君届」で絶大な支持

増淵先生の
偏愛♥
マンガGuide

2006年から『別冊マーガレット』（集英社）に連載が始まり、単行本は2016年7月時点で26巻が刊行されています。第32回 講談社漫画賞少女部門受賞作でもあり、「君届（きみとど）」という略称からも相当の認知度を持っている作品であることが窺い知れるでしょう。アニメ化、実写映画化もされています。

じつは、このガトーショコラを作る1年前のバレンタイン、単行本7巻でも爽子は憧れの風早翔太にバレンタインデーのチョコレートを作っています。何となく二人の距離が近くなったと思われる初詣の次はバレンタインということで、7巻で作るのはナッツ入りのカップチョコレートです。少女マンガにはバレンタインのエピソードは定番ですね。

Special 気になる不思議スイーツ 1

『ちはやふる』（末次由紀）の
飲む汁ようかん

競技かるた（＝百人一首）を題材にした人気マンガ『ちはやふる』より、なぜか気になる〝不思議スイーツ〟「飲む汁ようかん」を再現。さりげなく登場する「飲む汁ようかん」は、作中では市販品で、ストローで飲む様子が描かれていますが、その中身はまったくの謎。レシピは完全なる妄想の世界ですが、やさしい甘さと葛粉の上品なとろみがクセになりそうなおいしさです。ひんやり冷やしてどうぞ。

Comic Information

『ちはやふる』
第7巻（既刊32巻）
末次由紀／講談社

謎多き現名人・周防は甘党らしく、甘いものを食べるシーン多数。なぜか試合前の選手たちに栗大福やたい焼きを配る周防が、「なかなかいけます」と出してきたのが「飲む汁ようかん」です。一方、主人公・千早の試合後の糖分補給は大好物のチョコレート。

© 末次由紀／講談社

競技かるたの一般認知に大きく貢献

2007年から『BE・LOVE』（講談社）に連載する、競技かるたを題材とした少女マンガです。主人公は競技かるたに青春をかける少女・綾瀬千早。小学生のときにかるたと出会い、同級生の新、太一とともに、かるたを通して成長していく姿と恋愛模様が描かれており、回想形式で進められる小学校編、高校1年生編、2年生編、3年生編と続きます。アニメ化にもなり、実写映画化は2016年3、4月に2部作として公開されました。2009年に第2回マンガ大賞、2011年に講談社漫画大賞少女部門も受賞しています。

この作品は、競技かるたの一般認知を高め、さらにスポーツとしての認知を高めることに大きく寄与しました。ここで再現した「飲む汁ようかん」ですが、競技かるたをスポーツと捉えると、これはエナジードリンクといえるのかもしれません。競技かるたは試合後に数キロ体重が減るとも言われるほど、頭脳と体力を使うもの。主人公の千早の好物はチョコレートですが、現名人の周防久志の好物は和菓子全般。その中のひとつのアイテムとして登場するのが「飲む汁ようかん」です。

頭脳と体力を使う
競技かるたの
エナジードリンク!?

A

B

C

<材料（2杯分）>

A [こしあん（市販品）…160g、水…300ml、塩…ひとつまみ]

B [葛粉…15g、水…50ml]

<作り方>

1 鍋にAを入れてよく混ぜる。

2 Bをよく混ぜ、ザルで漉して1に加える。▶A

3 ダマができないように鍋底から木べらなどで混ぜながら、中火にかける。▶B

4 沸騰して透明感ととろみが出てきたら火からおろし、氷水に当てて時々混ぜながら冷やす。▶C

5 グラスに注ぐ。

Wato's Point

冷やすととろみが強くなるので、煮詰め過ぎないように要注意（ストローで吸えなくなります…）。

Special 気になる不思議スイーツ ❷

『リトル・フォレスト』
(五十嵐大介) の
大根タルト

大根をリンゴに見立ててタルトに…、そんな不思議スイーツが登場するのは、岩手で自給自足の生活を送る主人公・いち子の暮らしを描いた『リトル・フォレスト』。いち子が作る料理には、その土地の恵みをおいしくいただくための知恵がいっぱいです。いち子自身、毎年改善を加えながらまだ"未完成"というこのタルト。好みの仕上がりを探して、ぜひチャレンジしてみましょう。

Comic Information

『リトル・フォレスト』
第2巻 (全2巻)
五十嵐大介/講談社

大根をリンゴに近づけるため、考えたのが大根を甘酢漬けにして砂糖で煮詰めるやり方。いち子はユウ太の感想をもとに、二度目は漬け時間を短く、シナモンを加えてリベンジ。

©五十嵐大介/講談社

増淵先生の
偏愛♡マンガGuide

作者の体験を元に自給自足の生活を描く

2002年から2005年にかけて、『月刊アフタヌーン』(講談社)にて連載された、五十嵐大介の作品です。この作品は作者の岩手県奥州市での実際の体験を元に描かれています。都会から生まれ故郷の小森に戻り、農業を営む主人公のいち子が四季折々の収穫から料理を作りながら、自分の生き方を模索する、いわゆる自給自足のスローライフ、スローフードをテーマにした作品です。2014、2015年には、春・夏・秋・冬の全4部作として映画化もされており、ロケ地も原作同様、奥州市。現在、一部の若者が農村への移住を始めていますが、都会の生活の中で見失ったものをその地に見出そうとして、という側面もあるのでしょう。自然は時に厳しく、時に移りゆく四季の美しさも見せてくれます。

さて、ここで取り上げるのは『大根タルト』。主人公のいち子が食材に苦労する春先の時期に、手軽に手に入る春蒔き大根に着目して作ったものです。大根がリンゴの食感に似ていることから作ったのですが、幼馴染みのユウ太の感想は、「たくあんのタルト」。身近にスーパーもコンビニもない環境での創意工夫は、それがひとつの生き方そのものと言えるでしょう。厳しい環境が人を育てる、これが基本ですかね。

たくあんのタルト
みたい…（まさに不思議味）。
大根はどこまで
リンゴに近づける！？

A

B

Wato's Point

マンガでは大根を甘酢漬けにしていますが、より“リンゴっぽい”仕上がりを目指して甘酢で煮るレシピにしてみました。また、大根は薄めに切ったほうがフィリングと生地のなじみがよく、食べたときの一体感が出ます。

＜フィリング＞

大根…400g、水…適量、A［きび砂糖…40g、酢・あればラム酒…各大さじ1］、シナモンパウダー…少々

1. 大根は4mmの厚さのいちょう切りにして、フライパンに入れる。ひたひたの水を入れ、アルミホイルで落としぶたをして中火で15分ほど煮る。途中で1～2度かき混ぜて上下を返す。
2. 落としぶたを外して、Aを加え、強火にして煮詰める。
3. 水分がなくなり、砂糖が少し焦げはじめたら火を止め、シナモンパウダーをふりかける。

＜タルト生地＞（直径18cmのタルト型1台分）

薄力粉…100g、全粒粉…50g、サラダ油…45g、牛乳…30ml、砂糖…20g、塩…ひとつまみ

（下準備）

- 型にサラダ油を薄く塗る（分量外）。
- 薄力粉と全粒粉は合わせてふるう。
- オーブンを180度に温める。

1. ボウルにサラダ油、牛乳、砂糖、塩を入れて混ぜる。
2. 1に粉類を加え、粉っぽさがなくなるまでゴムベラで切るように混ぜる。
3. 手でひとまとまりにしたら、そこから2/3量を、オーブンペーパーかラップの上に取り出す。麺棒で直径20cmほどに伸ばし、型に移す（台になる生地は少し厚めに）。指で型にしっかりくっつけ、フォークで全体に穴を開ける。▶A
4. オーブンに入れて、180度で15～20分焼く。
5. 3の残りの生地もオーブンペーパーかラップの上に取り出し、麺棒で直径18cmほどに伸ばす（フタにする生地は少し薄めに）。すぐに焼かない場合はラップに包み、冷蔵庫に入れておく。

＜仕上げ＞

1. 焼いた生地にフィリングを敷き詰める。フタにする5の生地をのせたら、ふちを一周指で押さえて、台の生地とくっつける。真ん中に包丁で十字に切り込みを入れる。▶B
2. 180度のオーブンで15～20分焼く。

あとがき
～最後にちょこっと教授っぽい話～

さてさて、みなさん、いかがでしたか。

マンガの中に登場する料理の数々は。

「マンガ飯っておいしい！」

「マンガ飯って楽しい！」

そう感じていただけたら、それだけで
この本を企画した僕としてはもう大満足。

「マンガ飯をきっかけにマンガを読みたくなった！」

そんな言葉が聞けたら、もうそれは感激レベル。

それこそ「お腹いっぱい、ありがとうございます!!」

ってな感じですが、最後にちょこっとだけ、
この本の裏メニュー的な話をさせてください。

いまさら僕が言うまでもないのですが、
マンガは日本を代表するポップカルチャーです。
その意味で、この本を買ってくださったみなさんには、
「マンガ飯」を通して、世界に誇る日本のカルチャーを
味わっていただいたわけです。
僕がこの本を企画した理由は、まさにそこにあります。
僕は文化地理学を研究していて、日本のコンテンツが
いかに国境を越えていくのかに関心があるのですが、
その最たるものがマンガです。
実際、日本のマンガの影響力ってすごいです。
以前、東南アジアの国で現地の若者と話した時など、
彼の日本に関する知識の多くがマンガから得たもので
あることを知り、僕は驚くとともに嬉しくなりました。

もしかしたら、みなさんが思っている以上に、
マンガは（アニメも含めて）世界の標準語に
なりつつあるのかもしれません。

そして、日本の料理も世界に誇る立派なコンテンツ。
食いしん坊なだけで、グルメ評論家でもない僕が
日本の料理文化について
あれこれ語るのはやめときます。
それでも、日本の料理が
世界の人たちに愛されていることを
誇りに思う気持ちは、みなさんと同じです。

マンガも料理も、世界に通じる共通言語なんですね。
国境を越えていく素晴らしい日本の文化です。
そう考えたら、僕なりに監修した「マンガ飯」の本を
世に送り出したくてうずうずしてきたわけです。
日本のマンガってすごいね。
日本の料理文化って深いね。

僕たちは面白い国に住んでいる。
そんな心豊かな感じを、
みなさんと共有したかったのです。

もし、この思いが少しでも叶ったとしたら、
僕としてはお腹いっぱいを通り越して、
幸せ太りのレベル。
タキシードを新調するぐらい幸せな気分です。
本当はタキシードを一度も着たことはなく（笑）、
タキシード姿の自分は空想なわけですが、
そこは夢を描くマンガにあやかって
ということでお許しを。

この本は、夢の中を食べ歩くためのレシピ本なのです。

法政大学大学院政策創造研究科教授
増淵敏之

再現レシピ

>>>wato（わと）

管理栄養士、フードコーディネーター、イラストレーター。岩手県出身。大卒業後、総合病院での栄養指導、スープ専門店のメニュー開発などを経て独立。雑誌、webを中心にレシピ開発やフードスタイリングを手掛けるほか、「wato kitchen」の名前でイベントやパーティーのケータリングも行っている。主な著書に『春夏秋冬ごはん帖』（ヴィレッジブックス）、『リトルギフト』（サンクチュアリ出版）など。
http://blog.watokitchen.com

マンガ Guide

>>> 増淵敏之（ますぶち　としゆき）

法政大学大学院政策創造研究科教授、コンテンツツーリズム学会会長、文化経済学会〈日本〉理事長などを務める。東京大学大学院総合文化研究科博士課程修了（学術博士）、専門は文化地理学、経済地理学。主な著書に2010年『物語を旅するひとびと』（彩流社）、『欲望の音楽』（法政大学出版局）、2012年『路地裏が文化を生む！』（青弓社）など多数。最近の関心事は「おにぎり」と「ぶらぶら歩き」。

きょうのごはんは“マンガ飯”

発行日　2016年8月31日　初版発行

監　修　増淵敏之《ますぶちとしゆき》
発行者　早嶋　茂
制作者　永瀬正人
発行所　株式会社 旭屋出版
〒107-0052　東京都港区赤坂1-7-19　キャピタル赤坂ビル8階
TEL　03（3560）9065（販売部）／03（3560）9066（編集部）
FAX　03（3560）9071（販売部）
郵便振替00150-1-19572
http://www.asahiya-jp.com

企画・コーディネート　鈴木里加子（法政大学地域創造システム研究所 特任研究員）
デザイン　1108GRAPHICS
イラスト　wato　陸善

撮　影　後藤弘行（旭屋出版）
編　集　榎本総子／亀高　斉

印刷・製本　株式会社シナノパブリッシングプレス

ISBN978-4-7511-1222-9 C2077